J'ARRÊTE DE SURCONSOMMER !

Groupe Eyrolles
61, bd Saint-Germain
75240 Paris Cedex 05

www.editions-eyrolles.com

La collection « J'arrête de… » est dirigée par Anne Ghesquière,
fondatrice du magazine FemininBio.com, pour mieux vivre sa vie !

Dans la même collection :
J'arrête de stresser !, Patrick Amar et Silvia André
J'arrête d'avoir peur !, Marie-France et Emmanuel Ballet de Coquereaumont
J'arrête d'être mal dans mon couple !, Marie-France et Emmanuel Ballet de Coquereaumont
J'arrête de procrastiner !, Diane Ballonad Rolland
J'arrête les relations toxiques !, Marion Blique
J'arrête de (me) juger !, Olivier Clerc
J'arrête d'être jaloux(se) !, Bernard Geberowicz
J'arrête d'être hyperconnecté !, Catherine Lejealle
J'arrête la malbouffe !, Marion Kaplan
J'arrête de râler ! L'intégrale, Christine Lewicki
J'arrête de râler sur mes enfants (et mon conjoint) !, Christine Lewicki et Florence Leroy
J'arrête d'être addict !, Olivier Lockert et Gérard Cervi
J'arrête d'être débordée !, Barbara Meyer et Isabelle Neveux
J'arrête de ramollir !, Barbara Meyer
J'arrête de me trouver nul(le) !, Clotilde Poivilliers
J'arrête de m'épuiser !, Marlène Schiappa et Cédric Bruguière
J'arrête le superflu !, Joanne Tatham

Illustrations originales : Astrid M
Création de maquette : Hung Ho Thanh
Mise en pages : STDI

ISBN : 978-2-212-56591-1

Marie Lefèvre et Herveline Verbeken

Préface de Cyril Dion

J'ARRÊTE DE SURCONSOMMER !

21 jours pour sauver la planète et mon compte en banque !

EYROLLES

Nous voudrions dédier ce livre à toutes les personnes qui ont eu la curiosité de nous suivre et à toutes celles qui l'auront.

À toutes celles qui nous ont honorées de leur confiance et qui ont trouvé le courage de changer.

À toutes celles qui, arrivées souvent par hasard à la recherche de bons plans, ont souvent eu une réaction de défense, mais qui sont restées, ont cru en nous, parfois plus que nous-mêmes, et ont appris à croire en l'entraide...

Leur mieux-être est notre plus belle carte de visite !

Et, bien sûr, aux personnes providentielles qui nous ont permis de nous libérer un peu l'esprit pour mener à bien ce formidable projet.

Préface

Merci à Marie et à Herveline de m'avoir proposé d'écrire la préface de ce livre et surtout de pouvoir soigner ce qui reste de ma propre addiction à la surconsommation en le lisant.

Car ce qu'elles décrivent dans les pages qui suivent est sans aucun doute le parcours que nous aurions (presque) tous besoin de suivre dans les années qui viennent. Notre addiction à la consommation, notre incapacité à remettre en question ou à maîtriser nos pulsions consuméristes constituent l'une des raisons majeures qui empêchent nos sociétés de se transformer.

Excités par la publicité, déformés par les modes, entraînés par le conformisme, tiraillés par nos frustrations, nos manques, nous ne cessons d'acheter. Pour soutenir cette boulimie, il nous faut toujours plus d'argent. Pour gagner cet argent, nous sommes bien souvent cantonnés à user notre énergie et notre créativité à faire tourner des entreprises, tout en exerçant des activités qui n'ont pas forcément de sens pour nous. L'insatisfaction que cette situation génère nous pousse à toutes sortes de mécanismes de compensation, parmi lesquels... consommer !

Pris dans ce cercle infernal, nous alimentons les chaudières de la grande usine mondiale qui rase les forêts, bétonne les prairies, creuse des mines où vont se terrer d'autres êtres humains étranglés par la nécessité financière et engraisse quelques multinationales et milliardaires. Vous connaissez cette litanie.

Parallèlement, nous développons une sourde déprime. Réduire notre existence à un tourbillon matérialiste ne peut durablement nous épanouir. Étendu à des milliards d'êtres humains, ce succédané de plaisir nous entraîne de toute façon vers l'abîme. Il est donc indispensable d'y renoncer. La bonne nouvelle est que cela nous rendra certainement plus heureux et libérera notre temps et notre énergie pour les bonheurs qui ne coûtent rien mais nourrissent l'âme : marcher dans la nature, faire l'amour, lire de la poésie, partager du temps avec ceux que nous aimons, réfléchir, méditer, contempler... La mauvaise nouvelle est que, comme toute addiction, il n'est pas si facile de s'en sortir. Et c'est en cela que ce livre est précieux. Il ne prétend pas apporter des solutions magiques ou toutes faites. Il vous prend par la main et, jour après jour, sujet après sujet, il propose une succession de petits pas libérateurs qui, additionnés les uns aux autres, pourraient transformer le monde. À nouveau, merci !

Cyril Dion, écrivain, réalisateur, poète et militant écologiste français,
coréalisateur avec Mélanie Laurent du film *Demain*

Sommaire

Semaine 3

Introduction

Il était une fois un monde où chaque être vivant voyait ses besoins assouvis. Le bien-être de tous était la priorité, et la préservation de notre planète et de ses ressources, la principale préoccupation.

Une vision à long terme de toutes nos actions était devenue la norme, rendant ainsi impossibles les inégalités entre les êtres, en plaçant l'écologie au cœur de nos vies.

La conscience d'appartenir à un Tout ainsi que l'interdépendance de tous les êtres vivants de la planète étaient acquises. Si bien que chacun avait intégré dès son plus jeune âge la nécessité de vivre sobrement pour une répartition équitable des ressources naturelles, des biens et des richesses.

Cela fait rêver, n'est-ce pas ?

On peut penser que cela relève d'une utopie de bobo. Que cela ne tient pas compte de la réalité de la majorité de nos pairs, qui éprouvent des difficultés réelles pour joindre les deux bouts. Que la survie, se battre pour nourrir sa famille, relègue *de facto* ces préoccupations écologiques et éthiques au second plan. Beaucoup d'entre nous ont également la sensation d'être happés dans une spirale infernale de destruction de notre planète, sur laquelle nous, simples individus, n'avons aucune prise.

Et si une autre manière de voir les choses était possible ? Et si le pouvoir était en réalité du côté du consommateur, de chacun d'entre nous, quelle que soit sa classe sociale ?

La révolution verte est en marche !

Nous sommes deux mamans trentenaires prises dans le tourbillon de la vie moderne. Jongler entre vie professionnelle, familiale, amicale, associative et sociale est notre quotidien.

Chacune à notre manière, nous avons pris conscience de l'urgence de la situation écologique et des ravages de la (sur)consommation quand nous sommes devenues mamans, il y a quelques années. Comme si c'était une évidence, nous avons commencé à ouvrir les yeux, dans un premier temps pour le bien-être de nos propres enfants.

Mais, auparavant, nous étions toutes les deux prises dans le schéma de consommation classique, nous ne nous posions pas vraiment de questions…

Herveline (en 2003)

« Quoi, le tri ? Je commencerai à trier quand "on" m'en donnera les moyens… Ma cuisine est trop petite, et puis "ils" n'ont qu'à créer des emplois pour trier, ça fera baisser le chômage ! »

Si ce cheminement a commencé en lien avec notre maternité, il s'est poursuivi et élargi. Bien avant de nous rencontrer virtuellement pour la première fois, nous avons commencé à écrire sur nos blogs respectifs, afin de partager nos avancées personnelles vers une vie plus simple, plus naturelle et plus éthique.

Alors que nous faisions notre petit bout de chemin en parallèle, c'est la magie des réseaux sociaux qui nous a réunies ! Nous sommes devenues membres des mêmes groupes virtuels axés sur l'écologie du quotidien. Nos interventions se complètent très souvent. Une conviction commune nous porte : la manière de (sur)consommer actuelle n'est pas une fatalité, et nous pouvons, de notre place de simple consommatrice et citoyenne, faire bouger les lignes. Nous avons également en commun cette envie profonde de transmettre autour de nous ce mode de vie, de susciter la curiosité chez des personnes éloignées de ces préoccupations, et de créer de l'entraide.

Témoignage de Cécile

« Licorne depuis sept mois [...], j'ai (re)découvert comment acheter responsable, en évitant les stocks, les fausses promos, et par conséquent [appris à] rééquilibrer mon budget pour manger mieux, sans trop dépenser et utiliser les économies pour des choses qui ont du sens. Comme quoi, même si seul on va plus vite, ensemble on va plus loin. »

Créatrice du blog Au fil du chemin vert

Nos blogs prenant de l'ampleur, et nos interventions sur différents groupes ayant de plus en plus d'écho, nous avons décidé en octobre 2015 de fonder notre groupe Facebook « Gestion budgétaire, entraide et minimalisme ». Au départ composé de personnes pensant, comme nous, qu'une vie tout à fait heureuse et accomplie passe par une réduction de sa consommation, nous avons choisi de l'ouvrir à toutes et tous. Nous y invitons chacun à s'interroger sur cette société de surconsommation oppressante et à s'entraider pour trouver des alternatives au quotidien.

Nous sommes extrêmement surprises et ravies de constater que plusieurs milliers de nouvelles personnes souhaitent rejoindre chaque mois ce mouvement. Et ce rythme ne faiblit pas ! Elles semblent y trouver non seulement de nombreuses astuces pour économiser, mais surtout une autre manière de voir le monde, parfois totalement nouvelle, parfois plus en accord avec leurs convictions profondes. Leur satisfaction de trouver une réelle amélioration de leur qualité de vie est la meilleure des promotions !

Impossible n'est pas licorne !

Afin que vous ne soyez pas surpris des termes qui pourraient émerger au fil de ce livre, précisons que les membres de notre groupe se sont autosurnommés « les licornes », en référence à la bannière du groupe sur laquelle figure cet animal mythique. La présence dudit animal était pourtant fortuite et devait n'être que temporaire mais, en quelques semaines, par la magie des mécanismes de cohésion de groupe, le terme licorne est entré dans le langage courant de notre communauté grandissante : il désigne une personne qui réfléchit à sa manière de consommer de façon à adopter un comportement le plus écologique et éthique possible !

C'est ainsi que nous nous entraidons entre licornes, dans tous les domaines du quotidien, afin de prendre conscience de l'impact de notre consommation et de tenter de le réduire.

Nous ne sommes pas déconnectées de la réalité pour autant, nous avons des enfants, une vie sociale, des contraintes administratives et financières, un travail : nous faisons partie intégrante de la société. L'entraide que nous nous efforçons de développer est tout à fait concrète et tient compte de la réalité de chacun. Nous avons d'ailleurs assisté à des *success stories* incroyables, et vu des personnes modifier complètement leur manière de consommer en quelques mois. Non seulement elles ont assaini leur situation financière, mais elles ont ressenti une très nette amélioration de leur sentiment de bien-être, qu'elles ne cessent de partager avec le groupe, et avec d'autres groupes, et surtout dans la vie *réelle*, motivant ainsi de nouveaux arrivants à faire de même !

Si les réseaux sociaux sont un formidable outil permettant d'avoir accès à des personnes d'horizons complètement différents, nous sommes profondément heureuses d'avoir l'opportunité, grâce à ce livre, d'étendre à une encore plus grande échelle notre « licorne spirit » :

- Nous pouvons arrêter de subir et cesser d'être des maillons de cette chaîne infinie qu'est la surconsommation.
- Nous avons le pouvoir de changer les choses, même si tout nous pousse à croire le contraire.
- Nous pouvons nous préoccuper du sort de l'autre même quand on n'a pas beaucoup d'argent, et cette considération peut, contrairement aux idées reçues, améliorer notre vie.
- Survivre ne se fait pas obligatoirement au détriment de la santé ou de la planète.

C'est grâce au récit de notre expérience quotidienne que nous souhaitons vous convaincre, ainsi que grâce à la méthode que nous avons développée et qui a permis à des milliers de personnes de modifier leur vie en profondeur. En un peu plus d'un an, plus de 35 000 personnes ont déjà sauté le pas. Et le plus incroyable, bien au-delà des résultats spectaculaires en matière de gestion budgétaire, c'est leur conviction que ce mouvement est une *vraie solution* !

Alors, êtes-vous prêt vous aussi à devenir une licorne ?

Que vous soyez déjà convaincu de la nécessité de consommer autrement, que vous soyez curieux, que vous soyez désespéré au point de tenter n'importe quelle solution pour remonter la pente de vos finances, que vous soyez sceptique et fermement décidé à mettre notre raisonnement à l'épreuve, nous ne vous demandons qu'une chose : mettez temporairement de côté tous vos préjugés, et testez.

Afin de vous accompagner de manière ludique tout au long de votre cheminement, nous vous proposons un système de points. Ils vous permettront de visualiser, pour chaque alternative concrète introduite dans votre quotidien, les progrès réalisés.

À chaque petit exercice que nous vous proposerons, vous aurez donc l'occasion d'obtenir :

- des **points « planète »** lorsque vous accomplirez une action qui aura une portée écologique ;

- des **points « éthique »** lorsque, grâce à votre action, des êtres humains ou des animaux ne seront plus exploités ou maltraités pour satisfaire un acte de consommation ;

- des **points « économies »** lorsque l'action posée vous permettra réellement de dépenser moins d'argent (n'hésitez surtout pas à les utiliser librement !) ;

- des **points « bien-être »** lorsqu'un changement d'habitude entraînera une sensation de mieux-être dans votre quotidien et dans votre vie.

Ces points seront laissés la plupart du temps à votre libre appréciation, mais il est très important de les utiliser !

Si vous êtes prêt à tenter l'aventure *(et nous vous prévenons tout de suite : elle est sans retour !)*, nous vous invitons à faire dès maintenant le test concocté par nos soins pour découvrir quel (sur)consommateur vous êtes. Nous vous donnerons ensuite différentes pistes pour agir en fonction de votre profil, mais aussi dans tous les domaines du quotidien.

Nous vous guiderons à travers les solutions concrètes pour maîtriser votre budget grâce à la réduction de votre empreinte écologique sur le globe et sur l'écosystème.

Bien sûr, pour que ce changement soit durable et également pour vous donner envie de participer à la propagation de cette autre manière de voir la consommation, la citoyenneté et la société moderne, nous vous donnerons quelques clés de compréhension et d'argumentation.

Les possibilités d'action sont infinies, et « licornisation » ne rime pas avec austérité, monotonie, privation ou quoi que ce soit du même genre ! Attendez-vous au contraire à un changement en profondeur, à vous délester de tout le superflu qui vous parasite et pèse lourd sur vos épaules, pour vous concentrer sur l'essentiel et donner un nouveau souffle à votre vie, dans la joie et la bonne humeur *(et le pipi de licorne[1], rien que ça)* !

1. Expression issue de l'esprit surmené de l'une des deux auteures (taisons son identité par compassion) qui est restée dans les annales.

SEMAINE 1

La (sur)consommation et moi !

Si vous tenez ce livre entre vos mains, c'est que vous pensez (ou espérez !) avoir une marge de progression par rapport à votre manière de consommer. Et vous avez bien raison !

Nous sommes tous des consommateurs, qu'on le veuille ou non, mais nous avons le choix de réguler ou d'orienter nos achats afin de faire coïncider notre consommation avec les valeurs qui nous sont chères : vivre en accord avec ses principes est l'une des plus grandes satisfactions dans la vie. Même sans en avoir conscience, nous sommes tous à la recherche de l'équilibre et de la cohérence.

Votre lecture sera sans doute différente si cette problématique vous habite depuis de nombreuses années ou si venez juste de la découvrir.

Ce n'est pas grave !

Nous avons choisi d'accompagner toutes les personnes qui souhaitent s'interroger sur leur consommation, quel que soit leur point de départ. La diversité est source de richesse : sans elle, pas d'entraide possible !

JOUR 1

Quel (sur)consommateur suis-je ?

Quel que soit le consommateur que vous êtes aujourd'hui, le plus important pour vous inscrire dans une dynamique d'amélioration est d'être au clair avec votre point de départ. Aucune évolution personnelle, aucune démarche de progression ou de changement, ne peut avoir lieu sans une mise à plat de sa pratique ! Et une connaissance de soi-même, lucide, sans tabou, mais néanmoins bienveillante *(comme nous le répétons souvent : « Autoflagellation interdite ! »)* est un préalable indispensable.

Pour vous aider à cerner ce point de départ, nous vous avons concocté un petit test. Ludique et sans prétention scientifique, il vous aidera néanmoins à repérer quel (sur)consommateur vous êtes.

Prêt à découvrir le petit diable de surconsommateur qui sommeille en vous et à lui donner un bon coup de sabot de licorne ?

Cochez parmi les affirmations suivantes celles qui vous correspondent :

★	Je ne fais partie d'aucune association et je ne participe pas à la vie de ma commune/ma collectivité territoriale.
★	Je vois mes efforts comme une goutte d'eau au milieu de l'océan.
●	Cela m'est déjà arrivé d'acheter un objet et de ne pas m'en servir.
■	Je suis tenté(e) par les promotions « 2 pour le prix de 1 », ça pourra toujours servir.
▲	J'ai une pile de factures qui attend sur mon bureau.
●	Je ne rentre jamais des courses sans un petit « extra-plaisir ».
▲	J'ai du mal à citer, même vaguement, le prix d'aliments courants.
★	Je suis déçu(e) du peu de considération pour l'écologie dans le monde politique.
■	J'ai tendance à beaucoup anticiper mes futurs besoins (acheter des vêtements aux enfants pour dans un an, faire un stock d'un certain produit pour ne pas en racheter pendant des mois, etc.).

✚	J'étudie les différentes publicités que je reçois pour trouver le lieu où je payerai moins cher.
●	Pour mes achats, je fonctionne au coup de cœur.
✚	Je suis attiré(e) par les packagings esthétiques, ergonomiques, surtout pour les enfants.
●	Quand je suis triste ou stressé(e), j'achète quelque chose pour me réconforter.
■	Je suis collectionneur(se).
✚	J'achète souvent les produits mis en avant dans les magasins, présentés en tête de gondole.
★	Je me demande pourquoi je m'embête à trier mes déchets quand je vois la pollution des usines de production.
▲	Je ne connais pas la consommation d'énergie de mon foyer ni celle d'eau.
■	J'achète parfois des choses que j'ai déjà chez moi (alimentaire ou autre).
■	Je garde beaucoup de choses chez moi au cas où j'en aurais besoin un jour, mes placards sont pleins.
★	Je trouve que le bio coûte trop cher, si c'était moins cher cela serait plus accessible.
●	Je craque toujours pour la même chose (livres, maquillage, outillage...).
▲	Je ne fais pas vraiment mes comptes.
✚	Je dépense beaucoup en cadeaux pour les autres.
✚	J'ai toujours peur de passer pour un(e) radin(e).
▲	Je suis souvent surpris(e) par des imprévus financiers.

Vous avez un maximum de ▲ : vous êtes plutôt autruche !

L'autruche est affublée de la mauvaise réputation de s'enfouir la tête dans le sable lorsqu'elle perçoit un danger ! Vous avez beau savoir que quelque chose cloche dans votre consommation, que vous dépensez trop par rapport à vos besoins, vous n'avez jamais pris le temps de poser les choses à plat et de vous pencher concrètement sur la question de votre consommation et de votre budget.

Il peut y avoir plusieurs raisons à cela : manque de motivation, de temps, procrastination, ou peur de ce que vous allez découvrir.

Prendre conscience d'où part son argent est absolument indispensable pour définir le point de départ d'un changement de consommation. C'est un moment qui peut être difficile à passer mais qui sera également un puissant moteur pour évoluer.

Une licorne avertie en vaut deux : rendez-vous au jour 2 pour mettre à plat votre budget et découvrir où se trouve votre marge de progression !

Vous avez un maximum de ● : vous êtes un acheteur compulsif !

L'achat compulsif est la bête noire de tous ceux qui veulent consommer de manière raisonnée et responsable. Malgré nos bonnes intentions et notre vigilance, il est tapi dans un coin de notre cerveau et ne demande qu'à surgir lorsque nous baissons la garde !

Ce petit monstre trouve toujours tout un tas de mots doux pour vous amadouer et jouer sur votre corde sensible : envie de faire plaisir aux autres, besoin de réconfort quand une petite baisse de régime se fait sentir ; il peut également vous susurrer que vous avez une chance incroyable de trouver cet article à ce prix défiant toute concurrence, que demain il ne sera peut-être plus là, etc.

Il écrabouille alors votre raison et votre patience. Avide, il exige d'être satisfait immédiatement !

Il est primordial d'apprendre à le repérer, lui et tous ses stratagèmes plus aguichants les uns que les autres. Il est vraiment incroyablement malin, mais vous allez bientôt savoir comment le dompter en vous rendant au jour 3.

C'est qui le boss ?

Vous avez un maximum de ■ : vous êtes un accumulateur !

Ce qui est drôle, avec les accumulateurs, c'est qu'ils ont rarement conscience d'accumuler !

J'ARRÊTE DE SURCONSOMMER !

L'accumulation, au sens où nous l'entendons dans ce livre, n'est pas forcément la forme la plus spectaculaire, comme le syndrome de Diogène, maladie psychiatrique reconnue. Elle peut prendre des formes bien plus subtiles. Si vos placards de cuisine débordent de nourriture, si le contenu de votre congélateur vous permet de tenir un siège, si vos enfants ont des vêtements pour les deux ans à venir, si vous avez trente livres dans votre pile « à lire » et si vous avez assez de papier toilette pour tenir un an, il serait peut-être temps de vous reconnecter à vos vrais besoins et de vous délester de tout ce qui vous encombre.

Dans notre société basée sur les possessions matérielles, et en dépit du fait que les lieux d'approvisionnement sont en moyenne à moins d'une demi-heure du domicile, cette vision de l'accumulation est la norme. Mais nous, justement, on adore s'interroger sur la norme et la remettre en question !

Dans toute cette réflexion, la peur de manquer et les stratégies publicitaires seront vos ennemies jurées !

Rendez-vous au jour 4 pour une petite introspection, et pour trouver les outils qui vous aideront à vous débarrasser de cette fâcheuse manie ! Vous ne manquerez de rien et ferez de sacrées économies !

Vous avez un maximum de ★ : vous êtes un défaitiste !

Souvent, les personnes dotées d'une sensibilité importante sont celles qui perçoivent de manière aiguë les dysfonctionnements et les injustices d'un système. Elles sont alors submergées par un sentiment de désolation, lui-même entretenu à grand bruit par les médias qui semblent s'être donné le mot pour nous enfoncer dans le crâne cette sentence ultime : « Le monde va mal ! »

Catastrophes écologiques, scandales politiques et financiers, culte du profit, injustice, pauvreté, crise économique, culture du chacun pour soi, repli sur soi, peur de la différence, voilà ce que nous renvoient en permanence, à grand renfort d'images chocs, les médias censés nous informer.

Ce sentiment de désolation entraîne presque inexorablement une autre sensation non moins accablante : l'impuissance.

En se laissant bercer par ce flot continu de mauvaises nouvelles, on peut très rapidement se dire qu'après tout, ce n'est pas en triant nos déchets dans notre cuisine que le 7e continent va disparaître, et que nous ne sommes qu'un grain de sable dans le désert.

On ne vous a jamais dit qu'un grain de sable pouvait enrayer une machine ?

Nous sommes persuadées que chaque personne a son rôle à jouer, et au jour 5 nous allons vous donner les clés pour sortir de cette impression négative et enfin assumer la part de colibri qui sommeille en vous !

Vous avez un maximum de ✚ : vous êtes conditionné !

Vous êtes intéressé par les nouveautés, vous pensez sincèrement gagner de l'argent en achetant des produits en promotion, vous êtes sensible au regard des autres et à la norme sociale ?

Rassurez-vous, nous le sommes tous à différents niveaux, et étant donné les méthodes employées par les industriels et les lobbys *(un véritable matraquage quotidien !)* pour que vous restiez conditionné le plus longtemps et le plus profondément possible, le moins que l'on puisse dire, c'est que la lutte est inégale au départ.

Les stratégies marketing nous conditionnent depuis notre plus tendre enfance et ce sont même elles, maintenant, qui créent la norme.

Rétablir sa capacité à s'interroger sur l'influence de ces stratégies sur nos achats est un chemin semé d'embûches : rendez-vous au jour 6 pour décrypter en quoi les comportements sociaux influencent votre consommation et pour tenter de contrecarrer la si humaine tendance grégaire sans pour autant se couper du monde et faire fuir tous vos amis !

« Résiste, prouve que tu existes ! »

J'ARRÊTE DE SURCONSOMMER !

JOUR 2

Je suis plutôt autruche : je reprends les rênes de mon budget

La gestion budgétaire est une question centrale en ces temps où le pouvoir d'achat et les salaires progressent très peu comparativement à l'augmentation des charges. En témoigne le formidable essor de notre groupe Facebook dédié à cette question ! Bien sûr, notre spécificité, c'est d'apprendre à gérer ce budget dans une dynamique éthique et écologique. C'est pourquoi nous apportons de nombreuses pistes d'économies allant dans ce sens ! Mais les économies, quelles qu'elles soient, ne sont pas la pierre angulaire de la gestion budgétaire, le premier pas est bien plus pragmatique !

Souvent, au premier abord, les gens souhaitent trouver des astuces pour consommer plus en dépensant moins : promotions, bons plans, avis sur les fournisseurs les moins chers, ou sur le meilleur magasin discount. C'est pourquoi, la plupart du temps, la première des choses que nous leur conseillons à leur arrivée est de jeter un œil au « défi de janvier », qui concerne l'apprentissage de la construction budgétaire.

Car gérer son budget, ce n'est pas traquer les bons plans : c'est acquérir une vision à moyen et long terme. Gérer son budget, c'est regarder ses habitudes de consommation bien en face, et apprendre à les adapter à son niveau de vie. La surconsommation, qui est la norme dans notre société et qui marque le degré acceptable de notre niveau de vie, est une illusion. On ne peut pas à la fois :

- satisfaire des envies de dépense allant bien au-delà de nos recettes ;
- régler toutes nos factures sans stress ;
- *et* affronter les imprévus avec sérénité *(le tout au pif !)*.

Consommer à l'aveugle revient toujours à jouer au poker face aux imprévus de la vie.

Grâce à notre groupe, nous avons accompagné des centaines de personnes vers une gestion saine et écologique de leur budget. L'exercice n'est pas si simple, il n'y a pas de miracle : des concessions sont souvent nécessaires. Mais la méthode fonctionne, et le mot qui revient le plus souvent ensuite, c'est *zen*.

Prêt à sortir la tête du sable ? Alors laissez-nous vous présenter les 4 étapes de la gestion budgétaire !

1. Analyser ses dépenses

C'est l'étape la plus connue : prendre ses relevés des cinq derniers mois et les éplucher méthodiquement.

- Relever les entrées d'argent : salaires, aides, allocations, pensions.
- Relever ce qui revient tous les mois : les charges fixes.
- Pointer le reste et le ranger par catégorie, mois par mois. Toute dépense doit être classée : Alimentation/supermarché, essence, loisirs, restaurant/junk-food, cadeaux, frais médicaux… Le mieux étant l'ennemi du bien, il vaut mieux limiter le nombre de catégories !

Herveline

« Il est important pour toute autruche d'affronter ce qui ressort de l'analyse : ce qui est à travailler saute tout de suite aux yeux. Dans notre famille, c'était le poste restaurant/junk-food, ainsi que mes dépenses personnelles : loisirs créatifs, fringues, cosmétiques ! »

Quand on n'a pas l'habitude de suivre son budget, on a souvent une catégorie « dépense non identifiée ». Très contrariante au premier abord, il faut plutôt la prendre comme un moteur et rester positif : elle indique qu'une bonne part des progrès se fera rapidement, grâce des actions simples à mettre en place. *(Si, si !)*

Témoignage d'Élodie

« Licornette de 2 mois ! Depuis que je suis ici, je respecte chaque mois mon budget nourriture, j'essaie de redresser la barre par plein de petits moyens, et surtout je ne fais plus l'autruche après le 15 du mois ! La communauté licornesque m'a montré que la dèche n'est pas une fatalité et qu'on peut tous s'en sortir, même si ça prend du temps, et qu'on ne doit pas perdre espoir, car avec un peu de méthode et beaucoup de bonne volonté, on finit toujours par avancer ! Grâce à elle, j'ai poussé la porte d'un magasin bio et vrac le mois dernier, je n'ai acheté aucun fruit ou légume dans la grande distribution, et je n'ai plus aucun produit ménager à la maison, à part du savon noir, du bicarbonate et du vinaigre. Dans la salle de bains, adieu les cosmétiques pas très propres, vive le rhassoul et le savon de Marseille ! »

Témoignage sur le blog Ma vie désencombrée

En général, deux cas de figure se dessinent :

- soit le poste hors charges est énorme, et il faut alors travailler sur la manière globale de consommer ;
- soit on est déjà à zéro, voire en déficit rien qu'avec les charges. La priorité est alors d'axer l'effort sur ces charges : évaluer ce qui est nécessaire et ce qui peut être réduit ou même supprimé, prendre rendez-vous avec une assistante sociale pour faire le point sur les aides, et explorer les réseaux d'entraide, de réparation, de nourriture gratuite tels que les Incroyables comestibles, le glanage, le freeganisme — on récupère les invendus des supermarchés ou le surplus sur les marchés —, le fait de cultiver ses légumes dans son potager ou en jardins partagés.

2. Lisser l'ensemble des dépenses annuelles

Construire un budget, c'est :

- évaluer toutes les dépenses sur l'année ;
- les lisser ;
- et équilibrer les dépenses et les recettes.

Souvent, le premier réflexe des personnes souhaitant redresser leurs finances est de trouver ou de construire un tableau de suivi. C'est très tentant, mais l'étape de la construction est un préalable indispensable, d'autant plus pour les tout petits revenus, car pointer un budget sans le construire, c'est rester vulnérable aux imprévus. Or les imprévus, en réalité, c'est 9 fois sur 10 du prévisible qu'on avait oublié de prévoir.

Voici la méthode que nous proposons : sur une feuille où sont matérialisées deux colonnes, écrire dans l'une les recettes (aides, allocations et pensions incluses), et dans l'autre les dépenses identifiées à l'étape précédente.

Ajouter tout ce qui n'est pas forcément mensuel mais qui néanmoins devra à un moment de l'année rentrer dans les dépenses du ménage : habillement, cosmétique, passions, vacances, cadeaux, entretien du véhicule (vidange, révision, pneu[s], provision en cas de panne mineure), activités sportives de la famille, loisirs (cinéma, restaurants…), santé des animaux. Nous conseillons d'évaluer la dépense à l'année, puis de la diviser par 12 (ou par le nombre de mois qui reste jusqu'à l'échéance). Le tout est de ne pas se laisser freiner par ce qu'on ne sait pas évaluer : il s'agit de prendre pour point de départ une hypothèse qui semble proche de la réalité, quitte à l'ajuster au fur et à mesure.

Faire le tour des charges qui ne sont pas mensualisées : taxe d'ordures ménagères, d'habitation, foncière, factures de rattrapage (eau, électricité ou charges locatives : diviser le montant estimé par le nombre de mois qu'il reste jusqu'à échéance pour l'année en cours).

Cela peut paraître fastidieux, mais c'est une étape qui simplifie énormément la vie par la suite : le secret d'un budget zen, c'est *d'anticiper*. Surtout quand on ne gagne pas beaucoup.

3. Équilibrer son budget

Il s'agit alors de comparer le total des recettes et le total des dépenses ainsi lissées : si les dépenses sont supérieures aux recettes, le budget n'est pas équilibré. Plus les différents postes auront été évalués avec précision, plus le reflet de la balance budgétaire ainsi obtenu sera net. La récompense, c'est que moins on se voile la face, plus on aperçoit les leviers pour modifier la situation.

L'objectif, ensuite, est d'équilibrer le budget, afin que chaque dépense soit couverte par une recette. Plusieurs pistes sont souvent menées en parallèle : optimisation des charges, point sur les aides sociales et, surtout, car l'expérience montre que c'est là que se niche la plus grande source de rééquilibrage, changement de regard sur la consommation : c'est ce qui sera exploré plus en détail dans la suite de ce livre.

Témoignage de Gaëlle

« Licorne depuis huit mois. Ma démarche avait commencé un peu avant le groupe, mais j'ai jamais eu le culot d'assumer ces tendances en changeant mes habitudes. Jusqu'à ce jour où j'ai cliqué pour adhérer au groupe. Depuis, tout avance à vitesse grand V, ma vie a radicalement changé. Et je me sens alignée sur mes valeurs et mes aspirations profondes.

J'ai changé mon mode de consommation tout en gardant le plaisir au centre de ma vie. Mais surtout j'ai appris à gérer mon budget. Et je suis moins nerveuse. Aucune surprise, tout est prévu. Aujourd'hui ma plus belle victoire est de pouvoir dire officiellement adieu au découvert. Après des années à lutter dans les bas-fonds, je suis arrivée dans le groupe avec - 2 500 €, remontés en sept mois. »

Témoignage sur le blog Au fil du chemin vert

Le budget ainsi obtenu est théorique : partant de zéro, s'il est respecté, le découvert ne sera pas entamé et toutes les échéances prévisibles seront honorées. En revanche, si le mois commence avec un découvert, il ne sera pas forcément possible de finir dans le positif du premier coup : il ne faut alors pas se décourager ! L'objectif premier est de stabiliser le découvert, puis de le remonter progressivement en se fixant un objectif réaliste inclus dans le budget comme une charge lissée.

4. Suivre les dépenses

Une fois le budget équilibré, il faut suivre les dépenses :

- traiter les postes lissés, ceux destinés à financer les échéances à moyen terme, comme des prélèvements obligatoires, et les virer sur un compte épargne ;
- trouver un outil efficace qui nous correspond, et pointer les dépenses apparaissant sur le compte en banque au moins une fois par semaine, voire tous les jours au début !

Qu'est-ce qu'un outil efficace ?

La plus grave erreur est de se fier au solde de son compte, car :

- il ne prend pas en compte les prélèvements à venir ;
- ni ce que nous avons prévu de dépenser par poste ;
- ni notre objectif, remonter un découvert ou ne pas être à découvert, par exemple, tout en permettant d'anticiper les différentes échéances budgétaires sur l'année ;
- il ne nous dit donc absolument rien sur ce qui nous reste réellement de disponible pour tenir nos objectifs.

Herveline

« Combien de fois mon mari a-t-il vérifié le compte en me disant : « On est large, on a encore 700 euros ! » Avant, je l'aurais suivi ! Maintenant, je peux lui dire si oui ou non il reste de l'argent disponible sur ces 700 euros. »

Un outil efficace doit permettre de savoir à tout moment où on en est de notre objectif. Il sera alors une aide à la décision concernant un achat non vital.

Ça n'a jamais l'air très amusant, au premier abord, de se poser des limites. Mais, en réalité, notre expérience du groupe montre qu'on se sent beaucoup plus libre une fois qu'on s'est dégagé de l'aliénation de devoir dépenser pour exister. Promis ! Consommer moins et intelligemment permet de se faire vraiment plaisir, à des moments stratégiques, avec des objets de qualité, au lieu de dépenser à tort et à travers et d'en tirer si peu de satisfaction que la seule issue est d'en vouloir toujours plus.

Herveline

« Personnellement, j'utilise un tableau que j'ai créé en fonction de ma situation personnelle, et que vous pourrez télécharger sur mon blog, Sortez de vos conapts !, dans l'article "La boîte à outils du défi de février, partie 3 : suivre le budget". Il vous permettra d'engager les sommes budgétées sur le mois, c'est-à-dire qu'il fera comme si ces sommes étaient déjà dépensées. Ainsi réservées, ces sommes auront beaucoup moins de risque d'être dépensées pour autre chose que ce pour quoi elles sont prévues. »

Quand mon mari m'a annoncé, il y a trois ans, l'objectif d'épargne de 400 euros par mois, j'ai pleuré. Pour de vrai ! Je me suis sentie frustrée, limitée dans ma liberté de consommer, que je considérais comme mon droit le plus inaliénable en tant qu'être humain... Dépenser l'argent gagné en travaillant : *so légitime, isn't it ?* Et pour consommer, je consommais. Je consommais, mais j'avais vraiment l'impression de me priver, d'être perpétuellement frustrée, de ne pas pouvoir acheter ce que je voulais quand je le voulais. Alors, devoir décrocher, rien que de l'imaginer je me mettais à trembler comme une junkie en manque.

Et pourtant, on l'a fait, et on a même trouvé ça plus simple que prévu… Au bout de trois mois, on économisait un tiers de nos salaires, soit au-delà de l'objectif des 400 euros, sans avoir l'impression de se priver. Concentrez-vous sur un projet qui vous motive. Inutile d'en monter un *ex nihilo* pour l'occasion : le but n'est pas de se trouver une nouvelle *bonne* raison de consommer ! Pour nous, c'était le financement du mariage et des finitions de la maison.

Dorénavant, j'avance sereinement. J'ai financé bien plus de projets que ce que j'aurais imaginé. Je ne crains plus le mois de la taxe d'habitation, chaque mois je mets de côté en vue d'un remboursement partiel anticipé du prêt immobilier, et les taxes liées à la maison sont déjà provisionnées. Cela aurait été tout simplement impensable avant ! L'avenir financier n'est plus incertain, et ce malgré la longue maladie de mon mari, son chômage et sa reconversion dans un domaine presque deux fois moins rémunéré.

Je passe à l'action !

✔ Mission 1 : J'analyse mon budget

Je pointe et analyse mes relevés bancaires sur les cinq derniers mois. Quels sont les trois postes accessoires qui me sautent aux yeux ? (Pas de panique, tous les postes accessoires ou presque seront traités dans la suite du livre !)

. . . .

. . . .

. . . .

Je remplis un tableau de synthèse dans lequel figure le total des recettes (salaires, ARE, PAJE, allocations familiales), le total des charges fixes mensuelles, les dépenses mensuelles moyennes en courses, la moyenne de toutes les autres.

Recettes					Dépenses				
Salaires	ARE	PAJE	CAF	…	Logement	Électricité	Téléphonie	Courses alimentaires	…
....	....	....	....	....	....	....	....	....	....
....	....	....	....	....	....	....	....	....	....
....	....	....	....	....	....	....	....	....	....

Je m'accorde 2 points économies quand cette étape est validée.

Je colle ici mes points pour la mission 1 :

Collez ici 1 point **Économies** | Collez ici 1 point **Économies**

✔ Mission 2 : Je lisse mes différents postes de dépense

- Je recense les échéances annuelles qui ne sont pas mensualisées.

....

....

....

- Je réfléchis aux imprévus qui sont survenus dans l'année écoulée et en tire les leçons en termes de prévision budgétaire.

Je m'accorde 3 points économies quand cette étape est validée.

Je colle ici mes points pour la mission 2 :

Collez ici 1 point **Économies** | Collez ici 1 point **Économies** | Collez ici 1 point **Économies**

✔ Mission 3 : J'équilibre mon budget

- Je repère les postes que je pourrais baisser, prioriser ou reporter afin d'équilibrer mon budget.
- Je décide de consommer autrement pour ne plus jamais dépenser plus que mes revenus.
- Je me fixe un objectif réaliste pour la remontée de mon découvert, et je l'inclus dans mon budget.

Je m'accorde 3 points économies à l'issue de cette étape.

Je colle ici mes points pour la mission 3 :

✔ Mission 4 : Je suis mon budget

- Je cherche et trouve un outil efficace.
- Je prends deux minutes deux ou trois fois par semaine pour pointer les dépenses qui apparaissent sur mon compte bancaire.
- Je n'hésite pas à reporter certaines dépenses non vitales, et avant chaque achat non prévu, je vérifie où j'en suis de mes objectifs pour prendre une décision éclairée.

Je m'accorde 3 points économies quand cette étape est mise en place, et un point planète chaque fois que cela m'amène à moins consommer.

Je colle ici mes points pour la mission 4 :

J'ARRÊTE DE SURCONSOMMER !

JOUR 3

Je suis un acheteur compulsif : je différencie l'envie du besoin

Le test a parlé, pas la peine de nier les faits ni de vous chercher mille excuses : vous êtes un acheteur compulsif ! Bien sûr, il existe différents niveaux parmi cette population, certaines personnes devant même être protégées par une mesure de tutelle ou de curatelle ! Mais même à moindre échelle, tous les achats devraient être raisonnés.

Nous allons détailler dans ce chapitre ce qui différencie un besoin d'une envie, mais ce n'est pas pour cela que nous vous incitons à vivre comme un ascète dans sa grotte ! Nous avons tous des envies, et céder à quelques achats de temps en temps sans les avoir programmés, à condition qu'ils ne mettent pas notre situation financière en danger, n'est pas un drame !

Qu'est-ce qu'un besoin ?

Détaillons la pyramide des besoins de Maslow, établie par le psychologue américain du même nom, qui est la référence théorique en la matière.

La pyramide est composée de cinq étages, de la base vers le sommet.

- Les besoins vitaux/physiologiques : se nourrir, se loger, dormir…
- Le besoin de sécurité et de protection : sécurité à la fois physique et psychologique (vivre dans un environnement où on ne risque pas d'être agressé).
- Le besoin d'amour et d'appartenance : être aimé de ses pairs, se sentir appartenir à des groupes sociaux (famille, collègues, amis…).
- Le besoin d'estime de soi : se sentir utile et important.
- Le besoin de se réaliser : apprentissage cognitif ou créatif, développement de son être intérieur.

Les besoins cités sont des besoins « à tiroirs », et c'est là où ça se complique ! En effet, avoir besoin d'un abri, d'un logement, ne signifie pas avoir besoin d'un T6 quand on est deux, ni posséder tous les appareils électroménagers ou high-tech dernier cri.

Avoir besoin de se vêtir ne signifie pas avoir une armoire dont les portes ne ferment plus et continuer malgré tout à acheter des vêtements tous les mois.

Se nourrir ne signifie pas remplir son frigo à ras bord toutes les semaines et jeter la moitié des denrées non consommées.

Avoir besoin d'estime de soi ne signifie pas s'acheter trois nouvelles tenues tous les mois !

Marie : La notion de confort

« J'ai la chance d'être très proche de ma grand-mère et d'avoir souvent de longues discussions avec elle concernant son enfance, sa vie de femme active, en bref : sa vie d'avant ! Cela me fait beaucoup réfléchir quant à la notion de confort, qui finalement est différente d'un endroit à l'autre de la planète, d'une époque à l'autre, et même d'une personne à l'autre. Il y a eu un changement total et radical en seulement une génération, celle de nos parents (je suis trentenaire).

Voici un extrait de mon article « Apprendre du passé » (blog La salade à tout) :

« [...] Ma grand-mère a passé son enfance à la campagne, mais profonde, la campagne, hein. Ses deux parents étaient des paysans, et ils étaient six enfants.

Pas des grands agriculteurs propriétaires terriens, non, vraiment de pauvres paysans qui subsistaient grâce à leur potager et à quelques animaux. Ils travaillaient essentiellement pour nourrir leur famille, et quand il leur restait quelque chose, ils le vendaient pour pouvoir s'acheter deux ou trois choses qu'ils ne pouvaient pas faire eux-mêmes. La frugalité n'était pas alors une mode de bobo, c'était juste du bon sens, ainsi qu'une nécessité pour survivre. [...]

Au niveau de l'alimentation, sa famille se nourrissait exclusivement de ce que leur jardin et les quelques bêtes qu'ils avaient pouvaient leur fournir. Évidemment, il n'y avait pas de la viande à tous les repas ! Mais malgré tout ils étaient correctement nourris.

Est-ce un hasard si aujourd'hui, ces six enfants sont des personnes âgées toutes encore en vie et en relativement bonne santé ? Je ne le crois pas. [...]
Ils n'avaient aucun jouet. J'ai demandé alors à ma grand-mère comment ils s'amusaient, car tous les enfants s'amusent ! Elle m'a cité quelques exemples : les filles allaient dans les champs faire des bouquets ou tresser des fleurs, les garçons jouaient aux billes avec des cailloux. Ils aidaient beaucoup leurs parents. Ils fabriquaient des personnages avec des épis de maïs.
Ils n'avaient ni eau ni électricité dans la petite maison de trois pièces. Il y avait une chambre pour les filles, et une chambre pour les garçons et les parents. Ils avaient souvent froid et dormaient ensemble pour se réchauffer. Ils devaient tirer l'eau du puits plusieurs fois par jour. [...]
Mes arrière-grands-parents n'avaient pas les moyens d'acheter des vêtements, aussi ils faisaient venir, le moins possible, une couturière qui leur faisait des vêtements sommaires à partir de tissus bon marché. Mon arrière-grand-mère passait de nombreuses soirées à repriser.
Pour laver le linge, ils avaient ce qu'ils appelaient une lessiveuse. Mon arrière-grand-mère y faisait bouillir le linge puis allait le rincer dans un lac à 2 kilomètres ! C'était très lourd et très pénible, autant dire qu'ils ne se changeaient pas tous les jours, loin de là ! Malgré tout, ma grand-mère insiste beaucoup pour dire qu'ils étaient propres, par rapport à d'autres enfants du village. [...]
Je pourrais encore vous raconter mille anecdotes, mais je crois que j'ai assez bien planté le décor ! »

Qu'est-ce qu'un achat compulsif ?

Vous connaissez sans doute la chanson de Britney Spears, *Oops ! I did it again* ! Eh bien voilà, c'est ce que vous ressentez après ce type d'achat, quand vous rentrez chez vous et que vous vous rendez compte que cet achat était totalement inutile, ou bien quand vous recevez un appel de votre banquier.

« Oups ! Je l'ai encore fait, je me fais tout le temps avoir et je recommence, je suis irrécupérable ! »

Mais non, comme vous allez le voir, il y a de nombreux moyens de lutter contre les achats compulsifs !

La meilleure copine de l'achat compulsif est l'immédiateté. Maintenant, tout de suite, votre achat ne peut pas attendre ! À votre décharge, tout est fait pour vous inciter à acheter vite, le plus vite possible, à grand renfort de promotions limitées dans le temps.

Comment lutter contre les achats compulsifs ?

Repérer ses points faibles

Voici une petite liste des principales catégories d'achats compulsifs repérées dans mon entourage et dans mon groupe : les vêtements, les chaussures, les livres, les objets de décoration ainsi que les vêtements et jouets pour les enfants. Il y en a d'autres, bien sûr !

Marie

« Pour moi, ce sont les livres et le maquillage bio, cruelty-free et végane, mais quand même, non à la surconsommation ! Et vous ? »

Repérer à quel moment se produisent ces achats

Dans quel état d'esprit êtes-vous quand vous faites ce genre d'achats ?

Êtes-vous plutôt :

- achat « doudou » pour vous réconforter quand vous êtes triste ?
- achat « coup de fouet » pour vous donner confiance en vous ?
- achat « ennui » quand vous errez sans réel but dans un magasin ?

Témoignage de Mary

« Licorne depuis six mois. Grâce à ce groupe, j'ai réussi à dompter mon budget et je peux vivre en suivant mon idéal écolo sans me ruiner. C'est vrai j'étais déjà engagée dans ma démarche green, je faisais tout comme il faut, et mes comptes scrupuleusement, mais j'étais toujours juste les fins de mois. Arrivée dans le groupe, j'ai participé aux défis des mois proposés et réalisé que le problème venait de vieux restes de fièvres acheteuses, qui s'étaient déportés sur des futilités (une crème à la pharmacie, un tour au market de proximité...), et passaient quasi inaperçus. On ne peut pas transposer texto sa vie consumériste en mode bio-écolo sans y laisser des plumes. »

Témoignage sur le blog The Green Early Bird

Essayez de repérer à quel besoin vous répondez quand vous êtes sur le point de céder à un achat : quand vous achetez un énième jouet à votre enfant alors que sa chambre ressemble déjà à une succursale de Toys'R'us, ne cherchez-vous pas plutôt à assouvir votre besoin d'amour ou de reconnaissance ? Quand vous achetez une nouvelle tenue pour un rendez-vous, n'êtes-vous pas sur le terrain du besoin d'estime de soi ?

Différer

Vous vous souvenez que l'immédiateté est la meilleure copine de l'achat compulsif ? Si vous la réduisez à néant, il y a de grandes chances que l'achat compulsif se volatilise avec ! Concrètement, avant chaque achat qui ne relève pas d'un besoin primaire, accordez-vous un délai de réflexion. Deux semaines me semblent être une bonne durée : vous verrez qu'au bout de deux semaines, il est fort probable que vous n'ayez plus envie d'acheter ce qui vous paraissait primordial au départ !

Maîtriser son budget et mettre en place un système d'enveloppes

Quand votre budget est bien maîtrisé et que tous les postes de dépenses incompressibles sont bien provisionnés, vous avez une vision claire de ce qui reste. Cela va vous permettre de mettre en place un système d'enveloppes ou d'« argent de poche » afin de dégager une partie de votre budget pour des achats plaisir, futiles et même, pourquoi pas, inutiles !

Donc oui, vous avez le droit de craquer, mais dans un espace budgétaire délimité que vous aurez établi au préalable !

C'est qui le boss ?

Économiser pour un projet important

Épargner, c'est bien évidemment nécessaire pour les charges, pour les « au cas où » (qui doivent devenir de plus en plus prévisibles !), mais épargner pour se faire plaisir, c'est un formidable outil pour lutter contre les achats compulsifs !

Mettez en place une cagnotte familiale pour un projet qui vous tient vraiment à cœur : une sortie, un voyage, ou encore des travaux dans la chambre de votre enfant. À chaque fois que vous voulez faire un achat irraisonné, pensez-y !

Cette petite robe qui vous fait de l'œil, après tout, vous possédez déjà une dizaine de ses congénères, et ce week-end à Londres en famille au printemps prochain, c'est quand même plus important, non ?

Rapporter l'objet du délit au magasin

Si, malgré toutes ces suggestions pour lutter contre les achats compulsifs, vous avez craqué… sachez qu'il n'est pas trop tard pour réparer cette erreur : rapportez l'objet au magasin !

Eh oui ! on n'y pense pas assez, mais c'est souvent possible ! Gardez bien les tickets, faites vos comptes le soir même, et il y a de grandes chances pour que, quelques jours plus tard, vous rapportiez le malotru *manu militari* au magasin d'où il vient !

Je passe à l'action !

✔ Mission 1 : J'analyse

Pour ce faire, je remplis le tableau ci-dessous :

Mes trois derniers achats compulsifs	Besoins auxquels ils correspondaient	Comment aurais-je pu assouvir ces besoins autrement que par un achat ?
....	....	....
....	....	....
....	....	....

Je m'accorde 1 point planète, 1 point économies et 1 point bien-être.

Je colle ici mes points pour la mission 1 :

Collez ici 1 point **Planète**

Collez ici 1 point **Bien-être**

Collez ici 1 point **Économies**

✔ Mission 2 : J'arrête les achats sur Internet pendant un mois

Devoir me déplacer dans un magasin me permettra de neutraliser la vilaine « immédiateté » !

Je m'accorde 2 points planète et 2 points économies.

Je colle ici mes points pour la mission 2 :

Collez ici 1 point **Planète**

Collez ici 1 point **Planète**

Collez ici 1 point **Économies**

Collez ici 1 point **Économies**

✔ Mission 3 : Je diffère

Je décide d'un nombre de jours de latence entre mon envie et l'achat en lui-même.

Je m'accorde 1 point économies et 1 point planète quand cela aboutit à un non-achat, 1 point bien-être si je me rends compte que l'envie a totalement disparu.

Je colle ici mes points pour la mission 3 :

Collez ici 1 point **Planète** | Collez ici 1 point **Bien-être** | Collez ici 1 point **Économies**

✔ Mission 4 : Je me fixe un objectif

- Je note ici un projet qui me tient à cœur et pour lequel j'ai vraiment envie d'épargner (même si c'est fou, même si c'est pour dans très longtemps, permission de rêver accordée !).

....

- Je mets en place un échéancier pour parvenir à ce but.

....

Je m'accorde 1 point bien-être et 1 point économies.

Je colle ici mes points pour la mission 4 :

Collez ici 1 point **Bien-être** | Collez ici 1 point **Économies**

JOUR 4

Je suis un accumulateur : j'arrête d'avoir peur de manquer

On a tous eu l'occasion de voir, que ce soit dans notre entourage ou dans un reportage à la télévision, ces images d'appartements remplis d'objets divers du sol au plafond. Mais si, vous savez, avec juste un petit passage comme une tranchée pour se faufiler entre les pièces !

L'accumulation peut prendre des formes variées selon les individus, de la simple collection de boules à neige au syndrome de Diogène. Mais aujourd'hui, nous allons étudier comment notre tendance à l'accumulation est encouragée par cette société de surconsommation, et comment nous pouvons nous libérer des peurs qui favorisent ce mécanisme.

Même si on n'a pas l'impression d'accumuler outre mesure, on le fait bien souvent sans même nous en apercevoir.

- Qui ne s'est jamais rendu compte en rangeant ses courses qu'il venait d'acheter un pot de moutarde alors qu'il en avait déjà trois dans son placard ?
- Qui n'a jamais succombé à une promotion « un bidon de lessive offert pour deux achetés » ?

Ou encore, en dehors de l'alimentaire :

- profiter des soldes pour acheter une tonne de nouvelles tenues alors que notre armoire déborde déjà ;
- acheter des vêtements pour les enfants deux tailles au-dessus pour dans un an pendant des promotions ;
- acheter le nouvel aide culinaire à la mode alors qu'on a déjà trois robots différents à la maison ;
- posséder dix-neuf gels douche aux parfums différents ;

- acheter trois livres supplémentaires alors qu'on en a déjà vingt-cinq qui nous attendent *(hum hum ! c'est du vécu...)*.

Pourquoi accumule-t-on ?

On peut accumuler pour différentes raisons.

La peur de manquer

Certaines personnes ne se sentent bien que lorsque leurs placards de cuisine sont archiremplis. Certaines personnes ont connu de vrais manques dans leur vie. On peut donc imaginer à quel point accumuler représente pour elles une sécurité qui est sans doute plus intérieure que réellement factuelle. Mais, pour la plupart d'entre nous, la peur de manquer est juste une habitude de consommation.

Marie

« J'ai fait partie de ces personnes ! Je ressentais alors comme un sentiment de sécurité à l'idée que, quoi qu'il advienne, ma famille serait nourrie pendant une semaine ou deux... Comme s'il pouvait se produire un cataclysme dans les jours suivants qui ferait *qu'à la fois* : je perdrais mon travail, mon mari perdrait le sien, je n'aurais plus un euro d'économies, ni de voiture, ni de famille ou d'amis pour m'aider, les services sociaux seraient fermés et les magasins aussi ! Je vous invite à y repenser la prochaine fois que vous achetez quelque chose au cas où... *Au cas où quoi, exactement ?* »

On nous pousse à accumuler

Qui ça, « on » ? Tout simplement les enseignes, par le biais de stratégies marketing élaborées et particulièrement des publicités. Nous développerons plus précisément cet aspect au jour 18 ! Ouvrez l'œil, ce chapitre vous aidera sûrement à comprendre tous ces mécanismes si vous êtes un accumulateur !

On n'est pas au clair avec ce que l'on possède

C'est ce qui nous conduit à acheter des choses alors qu'on les a déjà dans nos placards ! Souvent on en possède tellement, que ce soit au niveau alimentaire ou autre, qu'on ne sait plus où on en est. Et dans le doute, on rachète.

La solution à ce point particulier, c'est la liste ! La liste des courses, bien sûr, également valable pour tous les autres achats ! Dès qu'il me manque quelque chose, je le note ! Vous pouvez même utiliser la version encore plus perfectionnée de la liste en faisant deux colonnes : une pour noter tout objet qui vient à se terminer, et une autre pour ce que vous avez réellement besoin de racheter lors des prochaines courses. Par exemple, votre pot d'épices à curry va se terminer (1re colonne), mais vous n'avez peut-être pas besoin d'en racheter dès les prochaines courses : dans ce cas, vous ne le noterez pas dans la 2e colonne.

On se lasse vite, on a besoin de turn-over...

C'est particulièrement vrai au niveau des vêtements ou des achats loisirs : on a beau avoir une armoire qui ne ferme plus, on souffre du syndrome « j'ai rien à me mettre » !

L'accumulation de possessions matérielles est devenue la norme, à tel point qu'on n'apprécie même plus les objets que l'on possède. Ainsi beaucoup de personnes renouvellent au moins partiellement leur garde-robe à chaque saison : les vêtements sont pratiquement devenus des objets jetables.

Marie

« L'autre jour, je regardais la vidéo d'une YouTubeuse qui avait acheté des dizaines de vêtements lors d'une séance shopping frénétique. En présentant ses achats, elle s'est rendu compte qu'elle avait acheté quasiment deux fois le même top dans deux magasins différents ! »

On ne désencombre pas au fur et à mesure que l'on remplit

C'est comme cela que naît l'accumulation ! On peut très bien être face à une multitude d'objets et malgré tout ressentir ce sentiment d'insatisfaction qui nous agace comme le bruit d'un moustique dans notre oreille ! Très souvent, on ne prend pas le temps de vider avant de remplir de nouveau. Et, un jour, le constat s'impose : on est submergé !

Pourquoi arrêter d'accumuler ?

Certaines personnes pensent qu'accumuler des objets ou de la nourriture permet de faire des économies car elles n'ont pas à racheter ce qu'elles possèdent déjà.

C'est une grave erreur, mais tout est fait pour nous faire croire le contraire !

On ne fait pas d'économies en accumulant, au contraire !

Les économies faites à partir de promotions « trois pour le prix de deux » vous font faire des économies virtuelles mais pas réelles ; dans un autre registre, vous cumulez des points qui se transformeront en argent que vous serez obligé de dépenser pour en bénéficier, ou alors, à force d'acheter des produits en promotion tous les mois, votre budget mensuel ne baissera pas réellement.

Vous faites des économies quand vous ne dépensez *vraiment pas* d'argent. Si on vous demande de le dépenser, puis qu'on vous le recrédite d'une autre façon, ce ne sont pas de *vraies* économies.

On prend le risque de gâcher

Cela est particulièrement vrai au niveau de l'alimentation. Plus on accumule, plus on risque de laisser, sans s'en rendre compte, des produits se périmer ou des légumes se flétrir dans le frigo, cachés derrière des tonnes de denrées nouvellement achetées.

C'est aussi valable pour les choses achetées trop longtemps à l'avance : si vous achetez des vêtements pour vos enfants avec plus d'un an d'avance, qui vous dit qu'ils seront encore à la bonne taille le moment venu ? Ou bien, vous les aurez oubliés dans une boîte au fond d'un placard et vous en achèterez d'autres par réflexe.

On s'expose à ne plus apprécier notre achat quand enfin on va l'utiliser

Comme nous l'avons vu au jour précédent à propos des achats compulsifs, beaucoup de nos achats sont liés à une pulsion, à l'immédiateté. Et, bien souvent, l'objet que nous avons acheté perd de son caractère désirable aussitôt l'achat effectué.

Marie

« Ça, c'est ma spécialité avec les livres : je ne peux pas entrer dans une librairie sans acheter deux ou trois ouvrages pour lesquels j'ai un coup de cœur sur le moment ! Mais arrivée à la maison, ils viennent grossir la pile de plus de vingt livres qui m'attendent déjà... Au final, le plus fréquemment, je ne les lis que plusieurs mois après l'achat, et souvent, le plaisir en est amoindri. Ou alors, je lis en priorité les nouveaux livres que j'achète, mais j'en ai dans ma pile qui prennent la poussière depuis des années ! »

Une nouvelle vie s'ouvre à nous quand on découvre la liberté et le bien-être qu'offre le minimalisme

Quel bonheur de désencombrer, quelle sensation de bien-être ! Souvent, on fait un grand ménage de printemps car cette période de l'année est propice au renouveau et synonyme d'un regain d'énergie. On est satisfait après, n'est-ce pas ? Trier, jeter, donner, recycler, et à la fin... un ouf de soulagement !

En prenant l'habitude de désencombrer régulièrement, vous pourrez ressentir cette sensation toute l'année ! C'est parfois difficile de s'y mettre, mais une fois que l'habitude est prise, c'est un vrai gain en qualité de vie ! En possédant moins, on prend également l'habitude de mieux apprécier ce que l'on a. On en prend davantage soin, on redonne à chaque objet une utilité et une valeur plus importante. Chaque objet nous sert, et nous pouvons même lui en être reconnaissants !

Comment arrêter d'accumuler ?

J'ARRÊTE DE SURCONSOMMER !

Être au clair avec son stock

Souvent, dans notre groupe, nous proposons aux nouvelles licornes de faire l'état des lieux de *tout* ce qu'elles ont dans leurs placards de cuisine. Et généralement, c'est un véritable choc pour elles de découvrir tout ce qu'elles ont accumulé : des kilos et des kilos de féculents, des dizaines de boîtes de conserve, et j'en passe !

Certaines personnes ont toujours une liste ouverte de ce que contiennent leurs placards et leur congélateur, elles rayent et complètent au fur et à mesure. Cela peut se révéler bien utile au moment de faire les courses, pour ne pas acheter de produits en double. Cela fonctionne aussi avec le contenu de sa garde-robe ou de ses placards de salle de bains !

Mutualiser

Il y a plusieurs façons de mutualiser :

- mutualiser ce que l'on possède déjà chez soi en donnant plusieurs fonctions au même objet. Par exemple, se servir de l'huile d'olive comme démaquillant évite l'achat d'un produit spécifique ;
- mutualiser avec notre entourage ou notre voisinage : a-t-on vraiment besoin d'une tondeuse par famille ? D'un appareil à fondue ?

Avoir moins, mais mieux

Quand on commence à acheter des produits de meilleure qualité, le prix peut rebuter. Il est ingérable de maintenir une consommation reposant sur l'accumulation en voulant acheter tout bio/artisanal/local : comptes dans le rouge assurés !

Vous méritez des produits de qualité, et cela est valable également pour l'alimentation. Chouchoutez-vous, prenez pour vous ce qu'il y a de plus sain ! Vous n'avez pas la bourse de Crésus ? Parfait ! Vous posséderez moins et serez tout aussi comblé !

Marie

« Au niveau du maquillage, par exemple, j'ai choisi d'avoir moins de produits mais uniquement bio, cruelty-free et véganes. Cela a un certain coût (mais un coût tout de même moindre que les cosmétiques de luxe !), donc plutôt que d'avoir dix rouges à lèvres bas de gamme à 3 € pièce, je préfère en avoir deux de bonne qualité. »

Apprécier ce que l'on possède

Faites l'exercice de regarder tout ce que vous possédez d'un autre œil : pensez à tout le travail qu'il a fallu mettre en œuvre pour que cet objet arrive jusqu'à vous : extraction des matières premières, acheminement, fabrication, assemblage, vente… Des dizaines et des dizaines de personnes ont fait en sorte que cet objet se retrouve entre vos mains. Ce n'est pas anodin !

Posséder un objet doit vous apporter un minimum de joie. Attention, nous ne vous dirons jamais que les possessions matérielles apportent le bonheur, mais tous vos objets doivent *a minima* vous apporter du confort, vous aider ou vous apporter une sensation de bien-être.

Faire confiance à la vie

Ce point est peut-être le plus difficile à mettre en place. Il vaut mieux expérimenter les autres avant, et c'est justement par l'expérience que vous vous rendrez compte de sa puissance !

Connaissez-vous la synchronicité ? Il s'agit d'un phénomène qui fait que vos besoins sont comblés comme par hasard. Votre essoreuse à salade est cassée, et votre mère vous propose de vous en donner une. Vous vous apprêtez à aller faire du shopping pour vos enfants et une amie vous dépose un sac de vêtements. C'est cela, la synchronicité !

Bien sûr, si vous vous ruez dans un magasin dès que vous perdez quelque chose, vous ne laissez aucune chance à la synchronicité de déployer toute sa magie. N'hésitez pas à donner : j'ai pu expérimenter que tout circule et que quand on donne beaucoup, on reçoit aussi beaucoup. Il faut juste avoir confiance !

Notebook

- Pour mutualiser entre voisins : www.voisinssolidaires.fr ; pour louer des objets à vos voisins : www.zilok.com, www.allovoisins.com, www.e-loue.com
- Pour vendre : www.leboncoin.fr, www.priceminister.com, www.paruvendu.fr
- Pour vendre vos vêtements, reportez-vous au jour 11 !
- Pour donner : www.donnons.org, www.recupe.net, www.toutdonner.com
- Pensez également aux réseaux sociaux : il existe une multitude de groupes d'échanges, prêts, dons, près de chez vous !
- À lire : Dominique Loreau, *L'Art de la simplicité. Simplifier sa vie*, c'est l'enrichir (Marabout, 2013) ; Marie Kondo, *La Magie du rangement* (First, 2015).

Je passe à l'action !

✔ Mission 1 : J'analyse

Je note ici le domaine dans lequel j'ai tendance à accumuler et j'évite d'acheter ce que je possède déjà.

. . . .

Je m'accorde 1 point planète, 1 point bien-être et 1 point économies lorsque je n'achète pas quelque chose que je possède déjà.

Je colle ici mes points pour la mission 1 :

Collez ici 1 point **Planète** | Collez ici 1 point **Bien-être** | Collez ici 1 point **Économies**

✔ Mission 2 : Je m'attaque au désencombrement

Je choisis une pièce et je trie tout son contenu en faisant 4 piles.

- À garder : j'ai utilisé cet objet au moins une fois dans l'année écoulée.
- À vendre.
- À donner.

- À jeter : pensez évidemment au recyclage, et triez correctement pour que tout soit valorisé au maximum !

Je m'accorde 1 point planète et 1 point bien-être par pièce désencombrée, 1 point économies à chaque fois que je réalise une vente et 1 point éthique à chaque fois que je donne.

Je colle ici mes points pour la mission 2 :

Collez ici 1 point **Planète**

Collez ici 1 point **Bien-être**

Collez ici 1 point **Économies**

Collez ici 1 point **Éthique**

✔ Mission 3 : Je sollicite le prêt d'objets que j'utilise peu

Chaque fois que je me trouve face au besoin d'un objet nécessaire mais peu utilisé (par exemple, une tondeuse à gazon, une perceuse…), je pense au prêt ou à l'échange : j'en parle à ma famille, à mes amis, je vais sonner chez les voisins pour savoir s'ils le possèdent et seraient disposés à me le prêter.

Je m'accorde 2 points planète, 2 points éthique et 2 points économies chaque fois que je suis ce conseil.

Je colle ici mes points pour la mission 3 :

Collez ici 1 point **Planète**

Collez ici 1 point **Planète**

Collez ici 1 point **Éthique**

Collez ici 1 point **Éthique**

Collez ici 1 point **Économies**

Collez ici 1 point **Économies**

J'ARRÊTE DE SURCONSOMMER !

JOUR 5

Je suis plutôt défaitiste… J'assume ma part de colibri !

À quoi bon… Qui n'a jamais entendu cette combinaison de trois petits mots dans un coin de sa tête, cette microphrase qui nous paralyse et justifie notre inertie ?

À quoi bon refuser un sac plastique, ce n'est pas ça qui va changer la face du monde ?

À quoi bon vouloir se passer de produits industriels alors que je respire la pollution tous les jours ?

À quoi bon payer plus cher un produit bio alors que le bio n'est même pas 100 % bio ?

À quoi bon réduire mes déchets alors que personne d'autre autour de moi ne le fait ?

À quoi bon limiter ma consommation de viande alors que la plupart des gens en mangent deux fois par jour ?

Un certain sentiment d'impuissance…

Au quotidien, nous pouvons être envahis de pensées limitatives telles que « je ne suis pas capable » ou « je n'ai pas le temps », mais l'une des plus tenaces est bien « à quoi bon… ». Cette pensée-là est particulièrement néfaste dans notre rapport à la surconsommation, car nous nous sentons impuissants et littéralement engloutis.

Franchement, on est tous passés par là à un moment ou à un autre, nous les premières !

Alors que nos valeurs profondes nous porteraient vers l'espoir d'un monde plus juste, d'un mode de vie plus respectueux de la planète, d'un chemin vers l'altruisme et la coopération, nous sommes noyés par des informations anxiogènes matraquées par les médias. Lorsqu'on allume son poste de télévision ou de radio, sur dix informations, neuf concernent la crise économique, les conflits ou les catastrophes environnementales. Notre défaitisme est entretenu et amplifié au quotidien par ce tableau funeste et sans perspective. Et nous, petites gouttes d'eau perdues au milieu de l'océan, nous avons souvent l'impression que ce monde n'est pas le nôtre et que nous n'y trouvons pas notre place.

La légende du colibri

Un jour, dit la légende, il y eut un immense incendie de forêt. Tous les animaux terrifiés et atterrés observaient, impuissants, le désastre. Seul le petit colibri s'activait, allant chercher quelques gouttes d'eau dans son bec pour les jeter sur le feu. Au bout d'un moment, le tatou, agacé par ces agissements dérisoires, lui dit : « Colibri ! Tu n'es pas fou ? Tu crois que c'est avec ces gouttes d'eau que tu vas éteindre le feu ? – Je le sais, répondit le colibri, mais je fais ma part. »

Et si on s'amusait à inventer la fin de l'histoire ?

Après avoir levé un sourcil interrogatif, le tatou réfléchit rapidement et en vint à la conclusion que ce n'était pas en restant assis sans rien faire que le feu allait s'éteindre tout seul. Bien que sceptique, il se leva pour accompagner le colibri, bientôt rejoint par les autres animaux de la forêt, qui avaient repris espoir en voyant ces deux-là s'agiter de la sorte. Bien sûr, certains animaux continuèrent à penser que tout cela était inutile, mais ils furent agréablement surpris lorsque la dernière braise fut éteinte. D'avoir œuvré ensemble pour sauver leur forêt, tous les animaux vécurent dorénavant en paix en prenant le plus grand soin de leur habitat commun.

Comment m'extraire de ce sentiment d'impuissance ?

Un seul mot d'ordre : l'action !

Comme le tatou, ce n'est pas en restant assis sans bouger que les choses vont s'arranger comme par miracle. Il ne s'agit pas de se leurrer en pensant que nous allons changer le monde seuls, mais ce qui est certain, c'est que l'enthousiasme est contagieux !

Clé nº 1 : Éteindre les infos

La manière la plus sûre de rompre la fascination oppressante pour l'actualité, c'est d'éteindre la télévision… et surtout au moment du JT.

D'autres sources d'information plus équilibrées et moins stressantes existent. Elles expliquent posément les faits, leurs causes, leurs ramifications, sans qu'un flot d'images anxiogènes ne brouille notre faculté de compréhension. Il ne s'agit pas de se couper du monde, mais d'obtenir un filtre permettant de raisonner de manière constructive, plutôt que de subir une avalanche de faits sans aucune porte de sortie.

La peur paralyse, là où la connaissance permet d'avancer. Déconnectez-vous des médias qui vous annoncent tous les malheurs qui se sont produits sur la planète aujourd'hui et recentrez-vous sur ici et maintenant, sans attendre des directives venant *d'en haut*.

Marie

« Depuis que j'ai éteint définitivement ma télévision, il y a plusieurs années, non seulement je ne suis plus aux prises avec le défaitisme ambiant, mais en plus j'agis davantage ! ».

Clé nº 2 : Une toute petite action peut faire boule de neige

Lorsque nous avons créé notre groupe « Gestion budgétaire, entraide et minimalisme », nous avions envie de partager notre vision de l'avenir et de l'intérêt commun. Quelques personnes nous ont suivies, puis quelques dizaines, quelques centaines, puis les membres de cette petite communauté en ont parlé à leur famille, à leurs amis, à leurs collègues… Aujourd'hui, au bout de seize mois, nous sommes plus de 35 000 à inventer quotidiennement des solutions pour changer les choses à notre niveau… et un millier de personnes rejoint le mouvement chaque semaine !

Prenez conscience que vos minuscules petites actions quotidiennes peuvent constituer un exemple pour d'autres et entraîner de grandes conséquences. Dans la pensée bouddhiste, on appelle cela l'interdépendance !

Imaginons ! Vous décidez d'apporter dans votre magasin habituel vos bocaux et vos sacs en tissu pour lutter contre les déchets. Le gérant du magasin, surpris, s'intéresse à votre démarche. Il décide de lutter à son niveau contre le suremballage en proposant à ses clients plus de vrac, ainsi qu'une gamme de sacs en tissu pour faire leurs courses. Plusieurs clients du magasin vont acheter ces sacs en tissu et en parler autour d'eux. Quelques semaines plus tard, ce sont des centaines de personnes qui lutteront contre le suremballage grâce à vous !

Clé nº 3 : S'entourer

Nous sommes tous confrontés par moments à des personnes qui ne comprennent pas nos choix de vie, ou qui sont encore plus défaitistes que nous. Il est alors souvent possible d'expliquer nos convictions, sans pour autant entrer dans un conflit ou avoir recours à la culpabilisation.

Et quand, autour de nous, notre famille ou nos amis ne sont pas intéressés par cette question, nous pouvons également rejoindre d'autres colibris : sur les réseaux sociaux ou dans des associations. Rencontrer d'autres personnes s'inscrivant dans la même démarche permet de rompre le sentiment d'isolement, d'apporter de nouvelles idées pour changer nos habitudes et de nous motiver quand nous sommes un peu découragés.

Cherchez les licornes, elles sont partout !

Marie

« Attention à ne pas trop anticiper les réactions des autres personnes ! J'étais persuadée que la surconsommation était un sujet qui n'intéressait pas mes collègues et, un jour, alors que je sortais mon bento pour déjeuner, une discussion très enrichissante s'est déroulée en salle de pause.
Je n'ai pas pour habitude de mettre en avant ma manière de vivre, mais je suis toujours agréablement surprise de constater qu'en réalité elle intéresse beaucoup de monde. »

Clé n° 4 : Agir

Si vous n'êtes pas satisfait du monde qui vous entoure, changez-le ! À chaque fois qu'un grief vous assaille, demandez-vous ce que vous pouvez faire à votre niveau pour améliorer la situation.

- Si vous êtes dépité par les guerres et les conflits, cultivez la bienveillance et l'altruisme.
- Si vous êtes en colère contre les produits néfastes contenus dans les aliments industriels, arrêtez d'en acheter et rendez-vous au jour 9 !
- Si vous êtes attristé par les conditions de travail et de vie des agriculteurs, soutenez-les en achetant leurs produits en vente directe. Motivez-vous au jour 16 !
- Si vous déplorez la pollution et les déchets, achetez en vrac et faites la chasse aux emballages. Vous trouverez motivations et alternatives aux jours 8 et 9 !
- Si vous pensez que rien n'est fait dans votre commune pour favoriser l'écologie, faites des propositions, entrez au conseil municipal, rejoignez une association locale ou créez la vôtre.
- Si vous n'avez plus foi en l'humain, éduquez différemment ceux qui seront les adultes de demain, vous trouverez des pistes au jour 17 !

Faites ce que vous souhaiteriez que les autres fassent, soyez le monde que vous voulez voir émerger : l'action est le seul véritable remède au sentiment de défaitisme. De merveilleuses initiatives citoyennes existent déjà partout, comme en témoigne le magnifique film documentaire *Demain* de Cyril Dion et Mélanie Laurent, et son succès retentissant.

Herveline : De défaitiste à colibri

« Quand j'ai pris conscience de l'ampleur du changement climatique et du temps extrêmement contraint pour en limiter les effets, j'ai d'abord été complètement paralysée. Terrifiée en réalisant que mes enfants n'auront plus la possibilité d'ignorer la situation, j'ai beaucoup culpabilisé de leur avoir donné la vie sans m'être préoccupée une seule seconde de ce que cette vie serait.

Et puis il a fallu rebondir, pour cette même raison, finalement : les enfants. Ils méritent que je fasse tout ce qui est en mon pouvoir pour qu'ils n'aient pas à affronter l'avenir tel qu'il se dessine en ce début de XXIe siècle.
C'est mon mari qui a donné l'impulsion. Un jour de février 2015, il m'a dit : "Évreux prépare un Alternatiba, allez viens, ça va nous faire du bien de rencontrer des gens qui pensent comme nous ! On peut toujours aller voir ce que c'est, et puis ça va être sympa, il y a un repas partagé !" C'est comme ça qu'on s'est lancés dans l'aventure, à un mois de notre mariage !
Une équipe organisatrice efficace, une très belle dynamique de groupe, un projet passionnant (créer une maison de six pièces en palettes et y présenter toutes les alternatives aux objets jetables de la maison), notre collaboration s'est vite transformée en amitié. L'événement passé, nous restons en contact pour prolonger cette impulsion au travers de nouveaux projets, mais aussi parce que mon mari avait raison, avancer dans un sens qui nous semble juste avec des personnes que l'on n'a pas besoin de convaincre, ça fait du bien. »

Clé n° 5 : Être le 100e singe

Sur une île japonaise, en 1952, des scientifiques observaient des macaques et les nourrissaient avec des patates douces jetées sur le sable. Un jour, une jeune femelle décida d'aller les nettoyer dans un ruisseau pour qu'elles soient plus agréables à manger.

Plusieurs de ses compagnons de jeu l'imitèrent et apprirent la technique à leurs mères, qui la transmirent à leurs autres enfants. En 1958, tous les jeunes et leurs mères ainsi que quelques autres adultes avaient adopté cette pratique, mais la plupart des adultes continuaient à manger leurs patates douces sales.

« Supposons que lorsque le soleil se leva un matin, il y avait 99 singes sur l'île de Koshima qui avaient appris à laver leurs patates douces. Supposons encore qu'un peu plus tard, ce matin-là, un centième singe apprit à laver les patates. Alors quelque chose d'étonnant se produisit ! Ce soir-là presque tous les singes de la tribu se mirent à laver leurs patates douces avant de les manger. Un peu comme si l'énergie additionnelle de ce centième singe avait créé une sorte de "percée scientifique" ! »[1]

Plus étonnant encore, les singes des îles voisines, alors qu'il n'y avait eu aucun contact entre eux, commencèrent à faire de même !

Ce phénomène est porteur d'espoir, car il nous apprend qu'au sein d'un groupe, il n'est pas nécessaire que la majorité modifie sa manière de faire pour entraîner un changement massif : ce dernier s'opère quand un certain nombre d'individus est atteint.

Ne baissez pas les bras, vous êtes peut-être le 100e singe, celui après qui le changement se propagera comme une traînée de poudre !

Je passe à l'action !

✔ Mission 1 : Je romps avec le défaitisme propagé par les médias

J'éteins la télé, surtout au moment du JT, et je me renseigne sur les sources d'information alternatives. Pourquoi ne pas consulter les versions papier ou électroniques des quotidiens ? Sans oublier *Le Monde diplomatique*, mensuel qui traite l'info à travers la lorgnette altermondialiste !

Je m'accorde 1 point éthique si je mets en pratique ce conseil.

Collez ici votre point éthique pour la mission 1 :

1. Blog Be Light Lulumineuse, « Le 100e singe » : http://www.lulumineuse.com/pages/articles-lulu/le-100e-singe.html

✔ Mission 2 : je m'informe sur les initiatives alternatives

Je regarde *Demain*, et je mets en place un carnet dans lequel je consigne chaque soir une chose que j'ai faite et qui contribue concrètement à changer les choses.

Je m'accorde 1 point planète si je mets en pratique ce conseil.

Collez ici votre point planète pour la mission 2 :

Collez ici
1 point
Planète

✔ Mission 3 : Je diffuse mes idées dans mon entourage proche

Par exemple, j'offre un échantillon de lessive maison à ma belle-sœur pour qu'elle teste, j'aborde la question des emballages avec mes collègues, je fabrique quelques sacs à vrac pour mes parents...

Je m'accorde 1 point planète si je mets en pratique ce conseil.

Collez ici votre point planète pour la mission 3 :

Collez ici
1 point
Planète

✔ Mission 4 : J'agis pour la collectivité

Par exemple : j'écris à la mairie de ma commune pour proposer une initiative, comme un compost collectif ou un projet éducatif à destination des écoles communales ; j'écris à mon magasin de proximité pour l'inciter à travailler sur la réduction des emballages et du gâchis alimentaire...

Je m'accorde 1 point éthique et 2 points planète si je mets en pratique ce conseil.

Je colle ici mes points planète et éthique pour la mission 4 :

Collez ici
1 point
Éthique

Collez ici
1 point
Planète

Collez ici
1 point
Planète

J'ARRÊTE DE SURCONSOMMER !

✔ Mission 5 : Je m'engage

Je détermine une cause qui me tient à cœur et je cherche une association ou une structure dans laquelle je pourrais m'investir. Je me rends à une réunion d'information ou je rencontre les personnes impliquées dans ce type d'action.

Je m'accorde 3 points éthique si je mets en pratique ce conseil.

Je colle ici mes points éthique pour la mission 5 :

Collez ici 1 point **Éthique**

Collez ici 1 point **Éthique**

Collez ici 1 point **Éthique**

JOUR 6

Je suis conditionné : je change mon rapport à la norme sociale

Vous avez découvert grâce au ludotest que vous aviez tendance à agir de la manière que la société de consommation attend de vous. Pensant agir selon votre libre arbitre ou par absence de choix, vous tombez en fait dans tous ses pièges. Bien sûr, nous employons le *vous* car vous êtes notre lectrice ou lecteur du jour, mais en réalité, nous devrions dire *nous*, car oui, nous sommes tous, à différents niveaux, assujettis au conditionnement opéré par les normes sociales.

Qu'attend la société des êtres humains adultes ?

Voici un petit tour non exhaustif des tendances actuelles de la *normalité* :

- avoir des enfants ;
- se marier (ou vivre en concubinage, ça progresse !) ;
- travailler, et à temps plein, sinon c'est vivre aux crochets de ceux qui travaillent (et râler sur les grévistes qui pourtant défendent les droits de tous) ;
- s'occuper avec brio des enfants et de leurs activités extrascolaires (un instrument de musique et un sport, s'il vous plaît !) ;
- leur assurer un avenir financier, malgré le fait que parallèlement on nous incite massivement à dépenser plus qu'on ne gagne ;
- s'occuper consciencieusement de son intérieur, qui doit être propre, aseptisé et rangé à chaque instant ;
- proposer des repas variés, diversifiés, répondant au cahier des charges parfois discordant de toute la famille ;
- ne pas être radin et gâter les enfants des autres, les siens, leurs amis, leur famille, avec tout plein d'objets neufs, quels que soient ses moyens réels *(un cadeau à 5 €, c'est pingre, un cadeau d'occasion, encore plus)* ;

- avoir une vie sociale riche *(parce que bon, on ne doit pas être que des mamans ou des papas, hein ?)* ;
- pendant les cinq minuscules semaines de congés payés où l'on peut enfin se détendre, faire des activités culturelles ou intellectuelles ;
- trouver le temps de faire du shopping pour consommer (Internet est l'ami de l'adulte moderne !) ;
- ne pas être trop différent des autres, ne pas éduquer ses enfants trop différemment des autres, par peur de l'exclusion sociale ;
- faire tout ça en gardant le sourire, genre *so easy* ! (et si on n'y arrive pas, on peut choisir entre faire semblant ou culpabiliser de ne pas y arriver).

Cette image de l'adulte occidental moderne est véhiculée par tous les canaux culturels et de loisir : pubs, brochures, magazines, mais aussi séries télé, films, livres, BD, et même parfois manuels scolaires *(« il m'arrive de sursauter quand je vois certains exemples de lecture ou de problèmes », Herveline)*. Ce n'est pas conscient, mais tous ces vecteurs dessinent un support identificatoire d'êtres beaux, sans défauts, parfaitement organisés, parfaitement parfaits. Bien sûr, rares sont ceux qui arrivent à cocher toutes ces cases ! De là naît la culpabilité de ne pas faire *comme il faut*.

Pourquoi arrêter d'être gouverné par cette norme sociale ?

Parce que cela vous fait dépenser beaucoup d'argent, mais aussi de temps, d'énergie et de stress !

Chercher à cocher le plus de cases que l'on peut amène à placer 36 heures dans une journée de 24. Quand on doit enchaîner la gestion des enfants le matin, la journée de boulot, le sport éventuellement *(on nous encourage à consommer de la nourriture surgrasse, sursalée, sursucrée et industrielle, mais on nous dit aussi qu'il faut être mince pour être beau)*, les devoirs, l'entretien de la maison, etc., quel temps reste-t-il pour créer, apprendre, cuisiner ? Nada !

Et ne cantonnons pas la femme à ce rôle : même quand on est deux à se partager tout cela, du temps de qualité, on en a rarement !

Alors, forcément, dans tout ça, pas le temps de faire maison, ce fameux « fait maison » qui est censé faire baisser notre facture et sauver la planète.

On ne peut pas tout faire. Nos journées ne font que 24 heures. Il faut faire des choix.

Et des choix, en fait, on en a deux :

- soit on achète les objets et les plats tout prêts, à grand renfort de promos et de bons de réduction divers et variés *(« ce que je faisais avant ! » Herveline)*, parce que le fait de déléguer ce qu'on n'a pas le temps de faire soi-même à une industrie, ça a un coût !
- soit on se simplifie la vie.

Simplifier le ménage, simplifier l'organisation, simplifier le nombre de plats, le nombre d'ingrédients, le nombre de choses nécessaires dans notre quotidien. Simplifier sa philosophie de vie en quelque sorte, en introduisant le mantra « c'est pas grave ! ».

Voici quelques exemples concrets.

- Simplifier le nombre de desserts dans notre frigo *(parce que quand on est habitués à la diversité des aliments industriels, s'il faut tous les faire, on n'est pas rendus !)*, accepter que, parfois, on n'a pas eu le temps de faire de dessert, qu'il n'y en a pas, et que ce n'est pas grave.
- Accepter de faire parfois goûter les enfants avec du pain et du chocolat parce qu'on ne peut pas passer sa vie à leur faire des super goûters pour tous les jours.
- Accepter de manger la même chose deux soirs de suite parce que ça fait gagner un temps monstre *(et un fric fou !)*.
- Accepter de simplifier les petits déjeuners *(vous savez, la brioche pour n° 1, les gâteaux pour n° 2, les céréales pour papa et les tartines pour maman !)*.
- Accepter de manger des repas ultra-simples certains soirs de semaine.
- Accepter que faire maison, ce n'est pas faire mieux, ni plus diversifié, ni même forcément plus équilibré que quand on ne faisait pas maison : faire maison, c'est faire maison, point.
- Accepter que si l'aspirateur n'est pas passé un soir, ce n'est pas grave même si vous avez deux chiens.
- Accepter que si vous n'avez pas le temps de laver les enfants un soir, ce n'est toujours pas grave, ils ne vont pas se balader le lendemain avec une étiquette « je ne me suis pas lavé hier soir ».
- Et oui, accepter que, parfois, malgré la simplification du quotidien, on est vraiment débordés ou bouleversés, et que ce jour-là, on a le droit de s'acheter une pizza industrielle, une bière et des chips, sans culpabiliser !

J'ARRÊTE DE SURCONSOMMER !

Herveline

« Comme je dis souvent : À BaS Le PeRFeCTioNNiSMe ! (Et les majuscules font marrer tout le monde, on a les tocs qu'on a !) »

Comment arrêter d'être gouverné par cette norme sociale ?

Vous savez, c'est comme quand on découvre les ficelles d'un tour de magie, après on ne voit plus qu'elles, et le tour, justement, perd de sa magie, il ne nous happe plus tel un trou noir. Eh bien, c'est le même principe. La meilleure façon de prendre de la distance avec les normes sociales, c'est d'en percevoir le mécanisme.

Or, ce sont des mécanismes sociaux et inconscients qui guident nos actions, nos envies et même nos besoins. On a l'impression que ça vient de nous et uniquement de nous, mais, en réalité, sociologiquement parlant, notre choix est limité aux options déterminées par la société dans laquelle on vit. Ce que chacun considère comme obligatoire/sain/nécessaire du point de vue de l'hygiène ou de la santé ou même de la beauté sera totalement différent ici, en Norvège, aux États-Unis, en Inde, en Chine, au Japon…

Par exemple, les toilettes. Ici, il *faut* acheter du papier toilette, aussi appelé « papier hygiénique », parce que comme son nom l'indique, c'est plus hygiénique, c'est plus propre. Mais dans d'autres pays, c'est celui qui utilise du papier toilette, étalant la saleté et les bactéries au lieu de nettoyer la peau, qui manque précisément d'hygiène !

Tout est *relatif* à notre société d'appartenance.

Trois catégories d'options comportementales sont les plus fréquemment observées : celles que la société encourage, celles qu'elle tolère et celles qu'elle réprouve. Et, à la marge, on trouve celles qu'elle n'a pas la capacité de penser car cela ne fait pas partie de l'arsenal culturel : ce qui paraît barbare, sauvage ou, dans un autre registre, complètement saugrenu, farfelu ou dégoûtant.

Au moment même où l'on prend conscience de cette échelle de valeur qui nous guide, notre esprit s'ouvre au champ des possibles.

À mesure que vous désencombrerez votre esprit des habitudes culturelles que vous jugerez finalement inutiles, votre consommation va dégonfler comme un ballon de baudruche : certains achats ne se justifieront plus, vous aurez plus de temps pour faire vous-même, et plus de disponibilités pour rechercher des alternatives et découvrir qu'elles sont simples à mettre en place. Votre porte-monnaie vous dira alors merci !

Je passe à l'action !

✔ Mission 1 : Je désencombre mon esprit

Pour chaque action que je me sens obligé(e) de faire (me maquiller tous les matins, servir systématiquement un, voire plusieurs desserts, passer l'aspirateur tous les jours, javelliser le sol, laver à 90 °C, mettre au sale un vêtement qui ne comporte ni odeur ni tache, courir les promotions), je me demande :

1. Est-ce nécessaire ?

2. Pour quelle raison ?

3. Qu'est-ce qui me fait penser que je *dois* le faire ?

4. Que se passe-t-il si je ne le fais pas, si je fais autrement ou si je diffère ?

J'ARRÊTE DE SURCONSOMMER !

5. La conséquence est-elle grave du point de vue de la santé ?

. . . .

. . . .

Je m'accorde 1 point éthique et 1 point planète chaque fois que cela m'amène à simplifier mon quotidien.

Je colle ici mes points pour la mission 1 :

Collez ici 1 point **Éthique**	Collez ici 1 point **Planète**

✔ Mission 2 : Je personnalise mes cadeaux

Je note les trois derniers cadeaux que j'ai faits dans mon entourage. En face, je note ce que je pourrais offrir de plus éthique, écolo aux mêmes personnes pour la prochaine occasion. Pourquoi pas, même, oser le cadeau DIY *(Do it yourself)* ?

. . . .

. . . .

. . . .

Je m'accorde 1 point éthique et 1 point planète pour chaque cadeau éthique/écolo, et 2 points économies, si je réalise moi-même le cadeau à partir de matériaux recyclés ou à partir de matériel principalement déjà présent à la maison.

Je colle ici mes points pour la mission 2 :

Collez ici 1 point **Éthique**	Collez ici 1 point **Planète**
Collez ici 1 point **Économies**	Collez ici 1 point **Économies**

JOUR 7

Avant chaque achat, j'adopte la « méthode BISOU » !

Maintenant que vous avez découvert dans les chapitres précédents quel surconsommateur vous êtes ainsi que des pistes pour essayer de contenir tout cela, nous vous proposons un petit résumé.

La « méthode BISOU » récapitule en quelques mots-clés tous les chapitres que nous avons vus précédemment. Aussi, quel que soit votre profil de surconsommateur, vous pourrez l'utiliser. Apprenez-la par cœur et préparez-vous pour l'interrogation écrite !

C'est très simple : avant chaque achat, détaillez chaque lettre du mot « bisou » et demandez-vous :

- B comme Besoin. À quel besoin cet achat répond-il ?
- I comme Immédiat. Dois-je l'acheter immédiatement ?
- S comme Semblable. N'ai-je pas déjà quelque chose de semblable ?
- O comme Origine. Quelle est l'origine de ce produit ?
- U comme Utile. Cet objet me sera-t-il vraiment utile ?

B comme Besoin

Comme nous l'avons vu à la fois au jour 3 (« Je suis un acheteur compulsif : je différencie l'envie du besoin ») et au jour 6 (« Je suis conditionné : je change mon rapport à la norme sociale »), l'acte d'achat peut répondre à un besoin, mais pas toujours à un besoin primaire.

- À quel besoin, chez moi, cet achat va-t-il répondre ?
- Ne serais-je pas en train de l'acheter pour me conformer à une norme sociale ?
- Est-ce réellement moi qui désire cet objet ou mon envie est-elle dictée par une stratégie marketing bien élaborée ?

Témoignage de Lætitia

« Je suis bébé licorne depuis, je dirais, février ou mars. Ce que je sais, c'est que j'ai atterri sur la planète aux licornes par le biais d'un autre groupe, parce qu'on me disait qu'ici, on apprenait à gérer son budget. Je me suis heurtée à ce que j'ai pris pour des critiques et des jugements lorsque j'ai commencé les présentations et à exposer mes problèmes de budget, entre autres mes listes de courses.

J'ai quitté le groupe une première fois. Aujourd'hui, je ne regrette absolument pas d'être parmi elles. Je prends les avis des unes et des autres comme des critiques constructives, j'en tire les leçons, et j'apprends à leurs côtés bien plus que je ne l'aurais cru.

J'ai appris à rééquilibrer mon budget mensuel concernant le poste des courses alimentaires et d'hygiène. J'ai appris à faire encore plus de choses moi-même et à ne plus utiliser de produits industriels : plus de démaquillant de grande surface mais une huile biologique, on espace les shampooings. J'utilise mon vinaigre blanc pour nettoyer. Côté alimentation, je poursuis mon évolution vers le bio [...].

Mon budget n'est pas encore tout à fait stable, mais ça va venir, je ne perds pas espoir. Par contre, j'ai encore beaucoup de mal avec le minimalisme. Dépensière par nature, je réfléchis de plus en plus à l'utilité avant de dégainer la carte bleue, ça reste difficile, mais je me soigne. »

Témoignage sur le blog Cheap but chic

I comme Immédiat

Rappelez-vous de ce que nous évoquions au jour 3 : l'immédiateté est la meilleure copine de l'achat compulsif. Réduisez-la à néant, et la grande majorité de vos envies ne se concrétiseront pas par des achats !

- Mes comptes sont-ils parfaitement à jour comme conseillé au jour 2 (« Je suis plutôt autruche : je reprends les rênes de mon budget ») ?
- Si je ne sais pas exactement où j'en suis et même si mon budget semble pouvoir intégrer cet achat, je ne cède surtout pas à l'immédiateté !

S comme Semblable

Si vous êtes un accumulateur (voir le jour 4), ce point est crucial pour vous !

- Demandez-vous si un objet semblable déjà en votre possession pourrait faire l'affaire.
- Pensez à la polyvalence de certains objets ou certains produits !

O comme Origine

Si vous êtes un défaitiste comme évoqué au jour 5, et que vous avez décidé de prendre en main votre côté « colibri », ne ratez surtout pas le questionnement suivant.

- Quelle est l'origine du produit que vous vous apprêtez à acheter ?
- A-t-il été créé dans des conditions qui vous conviennent ?

Si l'origine du produit ne vous convient pas (mauvaises conditions de travail du producteur, mauvais pour la santé ou pour l'environnement...), n'achetez pas ! N'oubliez pas que votre porte-monnaie est une arme puissante pour faire entendre notre voix de consommateurs !

U comme Utile

- Cet objet va-t-il vous être utile ?
- Va-t-il apporter un confort primordial dans votre quotidien ?
- Comment faisait-on pour s'en passer auparavant ?

J'ARRÊTE DE SURCONSOMMER !

Je passe à l'action !

✔ Mission 1 : J'évalue la méthode BISOU sur mes achats précédents

Je note ici mes trois derniers achats et je les passe au crible de la méthode BISOU !

Par exemple, j'ai acheté un pantalon hier :

- Besoin : « L'imprimé de ce pantalon est à la mode cet été, après tout il s'agit sûrement du besoin de me conformer… »
- Immédiat : « Je me promenais dans la galerie commerciale lors de ma pause déjeuner, le pantalon était à moins 50 % et la promotion se terminait demain, j'ai craqué ! »
- Semblable : « J'ai déjà sept pantalons dans mon placard sans parler des chaussures… »
- Origine : « Fabriqué au Bangladesh et distribué dans une grande chaîne européenne… »
- Utile : « Si je n'achetais pas ce pantalon, ce n'est pas pour autant que je serais obligé(e) d'aller travailler les fesses à l'air ! »

Achat	Besoin	Immédiat	Semblable	Origine	Utile
....	....	....	....	....	....
....	....	....	....	....	....
....	....	....	....	....	....

Je m'accorde 1 point planète, 1 point éthique et 1 point économies pour cet exercice.

Je colle ici mes points pour la mission 1 :

Collez ici 1 point **Planète**

Collez ici 1 point **Éthique**

Collez ici 1 point **Économies**

✔ Mission 2 : Je me fais une antisèche

Je note la méthode BISOU sur un papier que je place dans mon porte-feuille dans la même pochette que ma carte bleue *(de cette façon, j'évite la panne de mémoire au rayon « jouets pour enfants » !).*

Je m'accorde 1 point planète et 1 point éthique si je mets en place ce conseil.

Je colle ici mes points pour la mission 2 :

Collez ici 1 point **Planète**	Collez ici 1 point **Éthique**

✔ Mission 3 : J'applique la méthode en réel

Je mets à l'épreuve la méthode BISOU lors de mon prochain achat (hors factures incompressibles et courses alimentaires).

Je m'accorde 1 point planète, 1 point éthique et 1 point économies si cela débouche sur un non-achat.

Je colle ici mes points pour la mission 3 :

Collez ici 1 point **Planète**	Collez ici 1 point **Éthique**	Collez ici 1 point **Économies**

SEMAINE 2

J'agis concrètement au quotidien

Maintenant que vous avez une idée un peu plus précise de votre profil de consommateur, et que vous avez mis en place, grâce aux missions de la première semaine, les bases d'une gestion budgétaire saine, nous allons aborder un point qui nous semble au cœur de notre combat quotidien : économiser le moins possible au détriment de la planète ou des êtres vivants qui la peuplent, humains ou non humains.

Nous allons vous prouver qu'un mode de vie écologique et éthique est possible même quand on a un tout petit budget, et qu'en plus ce mode de vie génère, en dépit des idées reçues, des économies conséquentes.

Vous allez donc apprendre à faire des économies durables en réduisant vos achats de produits jetables et emballés, ainsi qu'en remettant en question les habitudes culturelles modernes qui ancrent profondément en nous dès le plus jeune âge des réflexes de surconsommation.

Incrédule, vous vous dites peut-être : « Ce ne sont pas les 3 euros que me coûte mon gel douche qui vont me faire économiser grand-chose. » Détrompez-vous ! Avez-vous évalué ce que vous coûte *réellement* votre consommation actuelle de produits industriels et suremballés ?

Tout dépend bien sûr d'où on part, mais Lætitia, du blog « Le Corps. La maison. L'esprit », s'est soumise à l'exercice : 1 700 euros par an, voici la somme économisée par son mari et elle-même grâce à leur changement de consommation[1]. Mille sept cents euros en un an, c'est 141 euros par mois, ou encore une trentaine d'euros par semaine !

Vous doutez ? Mettez bout à bout les sacs-poubelle, les éponges, les produits pour laver ci ou ça, les protections périodiques, la lessive, les lingettes, les crèmes/produits lavants pour enfants, l'essuie-tout, etc. On arrive très vite à une trentaine d'euros par semaine !

En général, à ce stade de notre argumentation, vous doutez encore : non, non et non, vous ne dépensez pas 30 euros par semaine en produits d'hygiène et d'entretien ! Et d'ailleurs, tous ces produits emballés que l'on n'achète plus, il faut bien les remplacer, et cela a un coût ! Vous vous demandez donc comment, en plus de la planète, il est possible que votre portefeuille vous dise aussi merci.

1. http://lecorpslamaisonlesprit.fr/voila-comment-jai-economise-1700ean-en-changeant-mon-mode-de-vie/

En réalité, vous allez découvrir qu'une partie des produits jetables ne nécessitent pas d'être remplacés, car ils sont absolument inutiles, et leur besoin est créé de toutes pièces. Pour d'autres, vous utiliserez l'équivalent durable pendant plusieurs années. Certaines alternatives enfin, comme pour le déodorant, le gel douche ou les produits nettoyants, se renouvellent plus régulièrement. L'astuce, dans ce cas, vous allez vous en rendre compte, est de mutualiser ! La mutualisation des ingrédients, alliée à la simplicité volontaire, entraîne une consommation beaucoup plus raisonnée ainsi que des économies d'échelle. Sans compter la réduction des emballages !

Accrochez vos ceintures, car vous allez découvrir que le budget du jetable pèse finalement beaucoup plus lourd que vous ne le pensez ! Êtes-vous prêt à découvrir une nouvelle manière de vivre votre quotidien ? Nous vous souhaitons une excellente deuxième semaine en notre compagnie, remplie de prises de conscience et de découvertes en tout genre !

JOUR 8
Les déchets que je génère

État des lieux de nos déchets quotidiens

Selon l'Ademe (Agence de l'environnement et de la maîtrise de l'énergie), la production moyenne de déchets domestiques s'élèverait en France à un peu plus de 350 kilos par an et par habitant, soit près d'un kilo par jour ! Ce chiffre ne concerne pas le bac de tri sélectif, mais uniquement la poubelle d'ordures ménagères ;

- entre 25 et 30 % sont des déchets organiques : gâchis alimentaire et résidus de cuisine qui pourraient être compostés ;
- 8 % concernent les protections périodiques, lingettes, coton, soit 100 kilos par an pour un foyer de quatre personnes ;
- de 45 à 50 % sont des déchets recyclables, mais qui ne sont pas orientés vers la filière de tri, soit parce que l'usager ne trie pas ou pas correctement, soit parce que la filière n'existe pas sur le territoire de l'usager.

  Sur les sept catégories de matière plastique actuellement recyclables, seules deux sont couramment recyclées. Pour les autres, les filières sont anecdotiques, voire inexistantes. Pour savoir à quelle catégorie de plastique vous avez affaire, repérez le petit triangle et le chiffre inscrit à l'intérieur : les plastiques les plus couramment recyclés sont les 1 et 2. Pour savoir exactement lesquels placer dans votre bac de tri, appelez l'organisme en charge du recyclage dans votre commune.

Près de la moitié des déchets collectés concernent donc le plastique, qui en usage domestique apparaît principalement sous forme d'objets jetables du quotidien, de contenants, d'emballages et de suremballages.

Initialement conçu pour protéger l'objet lors de son transport et de son stockage, l'emballage est devenu progressivement un enjeu crucial : rebaptisé « packaging », il est désormais pensé pour déclencher en quelques secondes la fameuse *pulsion d'achat*. Autrement dit, les objets sont étudiés pour que l'emballage emporte la décision d'achat, plus que le produit en lui-même.

Bien sûr, la qualité et l'innocuité du produit devraient plutôt primer. En pratique, ce n'est pas le cas ! On ne sait plus du tout ce que désigne la qualité d'un produit. Et puis, peut-être que pour vous, comme pour nous avant, il est inimaginable que nos gouvernements et les structures de veille sanitaire acceptent le commerce de produits dangereux pour la santé ! Et pourtant, les récentes études révélées par 60 Millions de consommateurs concernant les produits d'hygiène et d'entretien, ou l'enquête menée par Élise Lucet pour France 2 sur les résidus de pesticides présents dans le corps humain, ont mis en lumière la partie immergée de l'iceberg : la plupart des produits, alimentaires et non alimentaires sont composés en partie de substances cancérigènes, de perturbateurs endocriniens ou d'allergènes. Nous combinons leur absorption au quotidien par tous les moyens dont notre corps dispose : par voie orale pour l'alimentaire, cutanée pour les produits cosmétiques et d'hygiène, par voie respiratoire enfin pour les produits d'entretien.

L'enjeu de l'emballage est donc d'inspirer une totale confiance au consommateur et d'instiller dans son esprit une relation entre packaging et qualité du produit.

Si les industriels continuent sur ce chemin, c'est parce que ce leurre fonctionne et leur rapporte d'immenses bénéfices ! Plus un produit est acheté, plus cela vient confirmer et renforcer la stratégie marketing qui lui est associée.

Dans ce contexte, certes le consommateur est responsable des déchets qu'il génère, puisque par son achat il alimente la croissance de ce secteur et rémunère les industriels pollueurs. Mais il y est très largement poussé, car les stratégies marketing sont pensées pour exploiter les mécanismes culturels inconscients présents en chacun de nous : survaloriser l'hygiène (excellent prétexte pour emballer et suremballer), acheter ce qu'on veut quand on veut sont autant de marqueurs de niveau social – niveau social que l'on a atteint ou que l'on aimerait atteindre.

Pourtant, certaines familles nous prouvent que l'on peut parfaitement s'inscrire dans notre société et ne produire que quelques centaines de grammes de déchets par an !

Herveline

« Dans ma famille, nous avons fait l'expérience que les poubelles peuvent se réduire significativement assez facilement. En quelques mois, nous avons divisé notre volume d'ordures par 13 environ, sans rencontrer de réel obstacle. Nous ne sommes pas encore au niveau des familles dont les déchets non recyclables tiennent dans un bocal, mais notre progression suffit à susciter un comportement étrange de la part des personnes qui effectuent les levées des conteneurs : notre maison n'est pas encore clôturée et les conteneurs sont situés juste à l'entrée de notre terrain. Théoriquement, je devrais sortir le vert (ordures ménagères) tous les trois jours. En pratique, je ne le sors jamais car les éboueurs, intrigués, ont fini par rentrer sur le terrain et regardent à l'intérieur de la poubelle. Dès que quelque chose se trouve dans le conteneur, ils le vident ! »

… Et moi, je fais quoi ?

Quelques règles simples suffisent à réduire les déchets ménagers de manière spectaculaire.

- Prioriser les emballages recyclables (et les trier correctement pour maximiser leur chance d'être effectivement recyclés).
- Refuser tout ce qu'il est possible de refuser et, en premier lieu, les sacs plastiques :

– se rappeler que son véhicule est garé à quelques minutes et que l'objet peut se tenir à la main,

– utiliser un seul sac pour tous les achats si vous avez plusieurs magasins à visiter pour différentes petites choses, et avoir toujours un sac plié dans son sac à main,

– réutiliser les sacs plastiques des fruits et légumes d'une fois sur l'autre, et, mieux encore, apporter ses propres sacs (et cela vaut également pour les rayons à la coupe, où de plus en plus il est possible de se faire servir dans ses propres contenants). Même pas besoin de demander de permission spéciale si vos sacs sont transparents ! Ils ne passeront pas inaperçus, mais ne seront pas refusés en caisse,

– refuser le papier entourant le pain chez le boulanger, qui est parfaitement inutile : que ce soit du côté du commerçant ou du vôtre, le pain sera de toute façon touché et les mains ne sont pas stériles ;

– ne pas être dupe des pièges déguisés en alternative : sacs en papier ou en amidon de maïs sont également à éviter. Pourquoi utiliser un objet jetable qui a demandé de l'énergie et des ressources naturelles pour sa fabrication, alors qu'on peut simplement transporter notre achat dans les mains ou dans des sacs en tissu réutilisables presque à l'infini ?

- Augmenter progressivement la part de fait maison dans le quotidien : il génère moins de déchets et mobilise moins de ressources que les produits industriels.

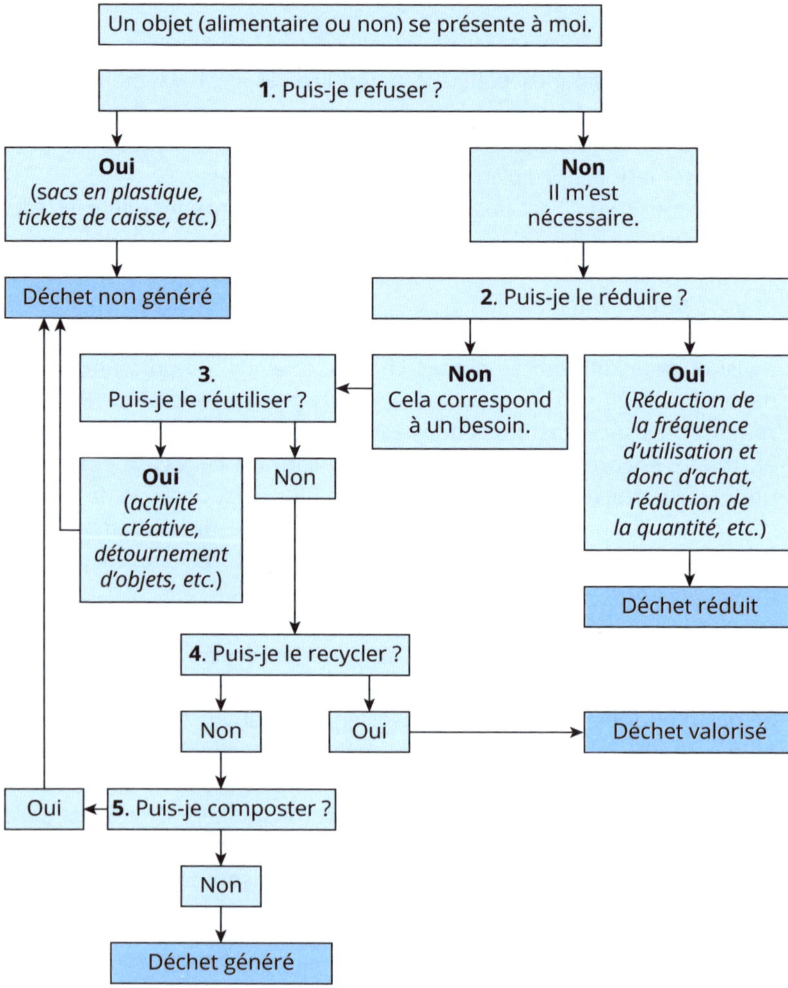

Les règles de réduction des déchets d'après Béa Johnson[2]

2. Herveline s'est inspirée de *Zéro déchet* de Béa Johnson, Les Arènes, 2013.

Je passe à l'action !

✔ Mission 1 : J'évalue les déchets que je produis

J'évalue mon volume de déchets actuel et je me positionne par rapport à la moyenne française, mais aussi par rapport aux familles inscrites dans une démarche de réduction volontaire des déchets.

Pour ce faire, je pèse chaque sac d'ordures ménagères et fais un bilan sur la semaine. Je rapporte ce chiffre à l'année en le multipliant par 52, puis le divise par le nombre de personnes dans le foyer.

J'inscris le résultat ici :

. . . .

Je m'accorde 1 point planète si ce poids diminue la semaine suivante, et 1 point planète supplémentaire s'il diminue encore la semaine d'après, etc.

Je colle ici mes points pour la mission 1 :

Collez ici 1 point **Planète**

Collez ici 1 point **Planète**

Collez ici 1 point **Planète**

✔ Mission 2 : Je refuse les sacs

Je refuse systématiquement tout sac de transport supplémentaire à partir de maintenant. Même à la boulangerie ou à la pharmacie.

Je m'accorde 1 point planète à chaque refus.

Je colle ici mes points pour la mission 2 :

Collez ici 1 point **Planète**

Collez ici 1 point **Planète**

✔ Mission 3 : Je privilégie mes propres contenants

J'apporte progressivement mes contenants dans les lieux où je fais mes courses : sacs à vrac en tissu pour les fruits et légumes et pour le vrac, boîtes pour les aliments à la coupe.

Je m'octroie 1 point planète à chaque fois que je les utilise.

Je colle ici mes points pour la mission 3 :

Collez ici 1 point **Planète**

Collez ici 1 point **Planète**

Collez ici 1 point **Planète**

Collez ici 1 point **Planète**

✔ Mission 4 : Je traque les déchets que je peux éviter

Je suis le trajet de la réduction des déchets dans la Mind Map qui reprend la règle de Béa Johnson.

Je m'attribue 1 point planète à chaque fois que cela m'amène à ne générer aucun déchet.

Je colle ici mes points pour la mission 4 :

Collez ici 1 point **Planète**

✔ Mission 5 : J'élimine définitivement les sacs plastiques

Je me fabrique ou je me procure des sacs en tissu pour éliminer définitivement les sacs en plastique de mon quotidien.

Si cette action est réalisée, je m'accorde 1 point planète.

Je colle ici mes points pour la mission 5 :

Collez ici 1 point **Planète**

Notebook

Je note ici les coordonnées et horaires des magasins de vrac situés près de chez moi, ainsi que ceux qui acceptent mes propres contenants.

Nom : . . . . **Localisation :** . . . .

Horaires : . . . .

Nom : . . . . **Localisation :** . . . .

Horaires : . . . .

JOUR 9
Les courses et la cuisine

État des lieux

Dans la cuisine, on retrouve des déchets à plusieurs niveaux :

- les emballages, recyclables ou non ;
- les épluchures, les fanes, mais aussi les restes que l'on a oubliés dans le frigo, qu'on ne mangera pas ou qu'on a marre de manger ;
- les déchets issus d'une mauvaise gestion des stocks et d'une méconnaissance des dates limites de consommation et de péremption, et ceux ni périmés ni oubliés, mais que l'on jette dans le doute ;
- les aides culinaires, papier cuisson, papier aluminium, film plastique, sacs-poubelle, ustensiles en quintuples exemplaires... ;
- des déchets issus des courses, sacs plastiques, bioplastiques ou papier.

Témoignage de Nelly

« Licorne depuis deux mois environ, complètement par hasard. Je disais depuis longtemps : "le bio, je veux bien, mais... Faut pas abuser, c'est trop cher." Bon, ben... Voilà ça y est j'y suis, 98 % bio... »

Témoignage sur le blog Ma vie désencombrée

Apprendre à réduire ses déchets dans la cuisine présente, en plus de l'aspect écologique, un double avantage :

- économique. Gérer ses courses, c'est maîtriser son budget alimentaire, et les résultats sont spectaculaires !

- santé. Moins de plastique, c'est moins de molécules non identifiées migrant dans la nourriture, moins d'additifs alimentaires nocifs, cancérigènes ou allergisants, et quand vrac rime avec bio, moins de résidus de pesticides. Et puis, consommer différemment, c'est aussi apprendre à manger moins mais mieux, et à cuisiner avec des produits plus sains et plus nourrissants.

… Oui, mais je fais comment ?

Eh oui, comment changer sa façon de s'alimenter :

- quand on a toujours connu les placards pleins, par peur de manquer ou par habitude ;
- quand on a toujours été habitué à avoir accès à ce dont on a envie au moment où l'on en a envie ;
- quand on travaille et que l'on se dit que, les journées ne faisant que 24 heures, les produits préparés sont un sacré progrès permettant d'avoir une vie familiale et sociale ?

Témoignage de Lorraine

« Je suis un bébé licorne. Je suis arrivée dans le groupe il y a quatre mois. Le truc, c'est que je suis un peu pauvre alors le bio, ça me semblait hors budget. J'ai freiné des quatre fers au début. Et me voilà quatre mois plus tard, à manger du dhal [nom donné à un plat de lentilles en Inde et au Népal], plein de légumes, essayer plein de nouveaux trucs, faire les courses à la Biocoop, à la ferme ou au marché, et à chercher le rayon bio quand je vais au supermarché.

Je fais des essais capillaires pour trouver ce qui me convient et n'utilise plus de shampooing, j'utilise de l'huile végétale et de l'aloe vera pour m'hydrater la peau, j'ai prévu l'installation d'une douchette dans les toilettes (le coup du papier toilette, c'est typique : on se dit toutes « nooon », et puis on en vient toujours à considérer que ce n'est ni la seule ni la meilleure façon de se torcher les michettes) et je n'ai plus de Sopalin.

Je suis loin d'être arrivée au bout de mes changements, mais j'ai compris que rien ne sert de courir, il faut arriver à point ! Merci aux licornes pour tout ça. Grâce à vous, j'ai arrêté de penser que ne plus m'empoisonner c'était une rêverie utopique, c'est maintenant mon quotidien, c'est pas encore parfait, mais c'est de mieux en mieux chaque jour ! »

Témoignage sur le blog The Green Early Bird

Prendre conscience de l'envers de notre consommation...

Sans culpabilité, mais avec lucidité. La culpabilité est un boulet qui empêche d'avancer. Il ne s'agit donc pas de se fustiger, mais plutôt de visualiser notre empreinte écologique. Cela aide énormément à garder le plus possible une orientation éthique à notre mode de vie.

Il ne s'agit pas non plus de devenir irréprochable : c'est une quête impossible qui inhibe au lieu d'encourager à avancer. Personne n'est irréprochable, mais être au clair avec nos responsabilités, c'est être au clair avec nos moyens d'action, et la ligne directrice qui émerge alors permet d'arriver petit à petit à une consommation plus juste.

Herveline

« Ne pensez surtout pas que je suis parfaitement cohérente ! J'ai un passé de junk-foodeuse, et parfois ces envies de nourriture-doudou reprennent le dessus. Mais si j'ai réussi à parcourir ce chemin, vous le pouvez aussi ! »

Nous n'avons pas toujours conscience de notre consommation industrielle cachée. Or, sa part est bien plus importante que nous ne l'imaginons : même si on choisit les produits avec lesquels on cuisine, qu'en est-il de ceux entrant dans la composition des gâteaux secs, des pâtes, des pâtes à tarte, du pain, des viennoiseries du commerce ? Qu'en est-il des ingrédients présents dans les pizzas, les plats préparés, les sandwichs du midi, dans les plats proposés par les restaurants ou les cantines d'entreprise ? Ils sont souvent issus des filières d'exploitation les plus intensives, les moins respectueuses et les plus polluantes.

Voir les emballages comme de futurs déchets

L'immédiateté, la facilité d'accès et la profusion sont la norme dans notre société. Il faut donc des éléments motivationnels forts pour pouvoir s'en départir ! C'est pourquoi nous vous proposons de changer de regard sur les objets que vous achetez : voyez les emballages non plus comme des objets suscitant l'envie d'acheter, mais comme de futurs déchets. Visualisez les milliers de personnes fabriquant ces objets dont le destin est d'être jeté après une unique utilisation, mesurez l'absurdité de la chose ! Visualisez également leur parcours vers la décharge, l'incinérateur, ou les océans !

Élaborer des menus

Souvent on pense que le bio et le vrac ne sont pas accessibles pour des budgets petits et moyens. Et pourtant, chacune avec nos contraintes, nous dépensons 75 euros par personne et par mois en tout bio… sans avoir recours à aucune promotion ! Et ce chiffre comprend l'hygiène, l'entretien, l'alcool, ainsi que les invitations diverses. Au début, tout le monde met en avant *la* particularité qui fait que, pour *son cas personnel*, cela n'est pas réalisable : « J'habite à Paris (ou en pleine campagne, ou à Nice, ou à Annecy, ou en Corse)… j'ai un trop petit budget… j'ai deux ogres à la maison ! » Et pourtant, depuis que j'accompagne les personnes qui le souhaitent sur ce chemin, j'ai constaté de très belles réussites, toutes catégories sociales, origines géographiques ou configurations familiales confondues.

Témoignage de Fabienne

« Marie et Herveline ont bouleversé ma vie. Oui oui, rien que ça !! Elles m'ont convaincue que le bio n'est pas réservé aux riches ! Quoi ?? Comment ?? On m'aurait menti ??
J'ai depuis longtemps la fibre écolo, mais manger bio pour moi était juste une grosse blague des bobos pour nous faire culpabiliser, nous, gens du peuple.

Alors voilà, depuis neuf mois que je suis ces licornes avant-gardistes, je me suis petit à petit inspirée de leurs précieux conseils et j'ai embarqué ma petite famille dans le monde merveilleux des Biocoop et du fait maison. J'ai appris à m'organiser, à mutualiser, et ça marche ! Nous mangeons bio à 80 % depuis deux mois et, pour autant, nous n'avons pas dépassé le budget. Un miracle ? Non ! Juste deux femmes géniales qui donnent sans compter pour une cause qui leur tient à cœur. »

Témoignage sur le blog Au fil du chemin vert

Il est vrai qu'objectivement, chaque produit bio est plus cher que son équivalent non bio. C'est pourquoi on se pose généralement la question de savoir comment on va intégrer ce surcoût dans notre budget. C'est pourtant une fausse question !

Si vous cherchez à transposer votre consommation actuelle en bio sans aménagement, les premières courses vont vous faire fuir pour toujours. En revanche, la méthode que nous proposons vous permettra progressivement de maîtriser votre budget alimentaire tout en augmentant la proportion de produits sains, bio et sans emballages : il s'agit de planifier ce que vous allez manger.

Cette méthode a fait ses preuves ! Elle peut paraître contraignante mais, en réalité, elle amène une réelle simplification dans la vie quotidienne : gain de temps, disponibilité pour prendre soin de soi ou de sa famille. À une condition seulement : ne pas perdre de vue que faire ses menus, ce n'est pas faire mieux, plus varié ou plus beau, c'est juste réfléchir à ce que l'on va manger afin de ne pas acheter tout et n'importe quoi le jour des courses.

Herveline

« L'imprévu a aussi sa place ! Comme tout le monde, il m'arrive de recevoir à l'improviste ou d'être invitée, et comme nous avons une alimentation qui n'est pas familière pour la plupart des gens, nous apportons souvent tout ou partie du repas : j'ai quasiment toujours de quoi faire sans mettre en péril le reste de ma semaine. »

Voici quelques conseils pour planifier vos repas sans que cela représente une contrainte.

- Prévoyez un jour où vous invitez, ou un jour où vous vous faites plaisir, et des jours pour manger les restes.
- Pensez à vos contraintes de la semaine, y compris le niveau de fatigue ou de flemme : elles détermineront souvent le degré de simplicité du repas.
- Si certains soirs vous pouvez vous avancer, cela vous fera gagner du temps pour les jours suivants : prenez-le en compte dans votre planning ! De plus, cuisiner pour plusieurs repas est beaucoup plus économique que de cuisiner à chaque fois des repas différents.
- Prévoyez également les petits déjeuners, les goûters et les desserts, et simplifiez-vous la vie : parfois vous n'avez pas le temps ou pas les ingrédients pour les cookies de la boîte à goûter, du pain et du chocolat feront aussi très bien l'affaire ! Quant au dessert, celui-ci étant essentiellement une habitude culturelle, si vous n'en avez plus dans votre frigo, ce n'est pas grave. Cela peut attendre un ou deux jours : à bas le perfectionnisme !
- La simplification de l'alimentation permet petit à petit d'augmenter la part de fait maison, beaucoup plus économique que l'industriel : cuisiner quatre desserts différents, quatre goûters différents, un plat différent midi et soir tenant compte des particularités de chacun rend clairement difficile le passage au fait maison quand on a une vie bien chargée par ailleurs. Un seul goûter et un seul type de dessert par session de cuisine, un repas pour deux soirs et un pour plusieurs déjeuners du midi, c'est déjà beaucoup plus accessible ! N'oubliez pas que la très grande diversité à laquelle nous sommes accoutumés est une habitude qui se modifie progressivement ! *(Même pour les enfants, même pour le conjoint, même pour les ados : promis !)*

- Identifiez ce qui pèse dans votre budget alimentaire.
  Les produits animaux représentent souvent une part non négligeable du budget alimentaire. Vous pouvez par exemple instaurer la règle « fromage ou dessert », et réduire la quantité de viande à table en introduisant progressivement des repas puis des journées sans viande.
  Le lait est lui aussi facilement remplaçable par une alternative « zéro déchet » très économique : le lait d'avoine maison (voir la recette ci-après).
  Apprenez à remplacer certains ingrédients coûteux par d'autres plus accessibles !
- Documentez-vous sur la manière dont on peut cuisiner les épluchures, les fanes et même les trognons ! La cuisine antigaspi est très documentée et vous permettra souvent de rentabiliser des légumes bio plus chers : bouillon déshydraté, gelée de trognons de pommes, soupes ou tartinades.
- Les fruits et légumes bio de saison sont moins chers ! Pensez donc à manger de saison et ce qui pousse sous notre latitude. Cela nécessite des compromis avec nos envies et habitudes, mais je vous promets qu'il est possible de manger varié et savoureux en privilégiant ce qui est produit à proximité de chez soi.
  Oubliez le faux débat local-pas-bio-ou-bio-de-l'autre-bout-du-monde : bio ou pas, une banane ne pousse pas en métropole. En revanche, les pommes, bio ou pas, y poussent : la question n'est pas de savoir ce que l'on doit choisir entre local *ou* bio, mais si l'on peut faire suffisamment de compromis pour accepter de manger de plus en plus de fruits et légumes de saison.

Recette du lait d'avoine maison

100 g de flocons d'avoine (2 € le kilo en vrac) au fond du mixer, deux pincées de sel et une cuillère à café de sucre, complétez en eau (du robinet !) jusqu'à la graduation 1 L.

Mixez 30 secondes, laissez reposer quelques minutes, mixez à nouveau : votre lait est prêt, pour un coût inférieur à 25 centimes du litre. Inutile de le filtrer s'il est destiné à la cuisine ! S'il est destiné à être bu, ajoutez quelques noix de cajou mises à tremper quelques heures.

Une fois que vous avez choisi vos menus, faites la liste de courses, en fonction de ce que vous avez déjà dans vos placards, et en fonction de ce dont vous avez réellement besoin : inutile de racheter du paprika ou de la semoule si aucun menu dans la semaine n'en comporte ! Ajoutez à votre liste ce qui est nécessaire pour l'entretien et l'hygiène. Là aussi, habituez-vous à ne racheter que quand *objectivement* le produit sera fini dans la semaine.

Herveline

« Depuis trois ans que je fonctionne comme cela, je n'ai jamais été obligée de courir au magasin en plein milieu d'une douche ! »

Le moment est venu de chiffrer votre liste. Nul besoin de faire une étude de marché ou un tableur Excel fastidieux : un chiffrage approximatif est bien suffisant. Il s'agit de se faire une idée du prix de votre Caddie : s'il dépasse le budget que vous vous êtes fixé, il est alors facile de revenir à l'étape « menus », et de les simplifier jusqu'à ce qu'ils rentrent dans le budget.

Bien sûr, le jour J, choisissez un moment où vous n'avez pas faim pour faire vos courses et, une fois dans le magasin, tenez-vous-en strictement à la liste de courses, fuyez les têtes de gondole et, surtout, ne revenez jamais au magasin entre deux jours de courses : débrouillez-vous, remplacez et innovez !

Privilégier les alternatives « zéro déchet » de la cuisine

Et si je remplaçais un objet jetable…	… par son équivalent durable ?
Le papier-alu, le film étirable, les sacs congélation	Pour la conservation/congélation : des bocaux en verre récupérés, une assiette sur la casserole, un torchon propre sur un plat maintenu par un élastique, du coton ciré. Pour le transport : boîte en verre, torchon.
Le papier sulfurisé	Matière grasse + farine Feuilles de chou Papier cuisson recyclé non sulfurisé compostable
Les filtres à café ou à thé	Filtres non blanchis compostables Filtre universel
Les pailles	Pailles en inox
La vaisselle jetable	Vaisselle durable, même en pique-nique, en sortie scolaire, travaux, déménagements et grosses invitations. Pour les grandes tablées, pensez à l'emprunt !

Les éponges	Lingettes lavables maison (découper une serviette et coudre plusieurs épaisseurs entre elles). Brosse à vaisselle compostable pour le côté grattant.
L'essuie-tout	Torchons Lingettes en tissu éponge serpillières Pour étaler l'huile quand on fait des crêpes : un morceau de pain !
Les sacs pour les courses	Sacs à vrac en tissu (fin et transparent si vous le souhaitez pour les fruits et légumes – vous pouvez les fabriquer dans des chutes de voilages).

Je passe à l'action !

✔ Mission 1 : Je mets en place trois alternatives durables parmi celles proposées

Dans le tableau ci-dessus, je choisis trois alternatives aux produits jetables que j'utilise actuellement.

Je m'accorde 1 point planète et 1 point économies par alternative mise en place.

Je colle ici mes points pour la mission 1 :

Collez ici 1 point **Planète** | Collez ici 1 point **Économies**

✔ Mission 2 : Je teste la méthode des menus

Sur un nombre de semaines que je choisis, je mets en place la méthode des menus. Je n'oublie pas de rédiger et chiffrer la liste de courses, et je m'y tiens.

Je m'accorde 1 point planète pour chaque semaine, et 2 points économies pour chaque semaine où l'objectif budget est respecté.

Je colle ici mes points pour la mission 2 :

Collez ici 1 point **Planète**

Collez ici 1 point **Économies**

Collez ici 1 point **Économies**

✔ Mission 3 : Je diminue ma consommation de produits animaux

Je remplace deux repas dans la semaine par des repas au minimum sans viande ni poisson *(lardons, jambon, nuggets et surimi étant bien sûr de la viande et du poisson !)*.

Je m'accorde 1 point planète, 1 point économies et 2 points éthique par repas sans viande effectivement mis en place. Je double les points s'il s'agit de repas sans produits animaux.

Je colle ici mes points pour la mission 3 :

Collez ici 1 point **Planète**

Collez ici 1 point **Économies**

Collez ici 1 point **Éthique**

Collez ici 1 point **Éthique**

✔ Mission 4 : Je privilégie les enseignes qui proposent du vrac

Je cherche les adresses des enseignes proposant du vrac. Je n'hésite pas à les visiter toutes, parfois au sein d'une même chaîne les prix peuvent être très différents !

Je m'accorde 1 point planète chaque fois que j'inclus du vrac dans mes courses.

Je colle ici mes points pour la mission 4 :

Collez ici 1 point **Planète**

Notebook

Horaires des magasins bio autour de chez moi :

....

....

....

Horaires des Amap ou ventes directes autour de chez moi :

....

....

....

Blogs de cuisine végétale ou antigaspi :

....

....

....

JOUR 10
Mes produits d'hygiène et cosmétiques

Dans notre société moderne, prendre soin de son corps et de son apparence physique constitue un gros poste de surconsommation. Depuis plusieurs années, les parabènes contenus dans la plupart des produits cosmétiques sont en ligne de mire, mais ils sont loin d'être les seuls composants dangereux : le magazine *UFC-Que choisir* a jeté un pavé dans la mare en février 2016 en publiant une liste de 185 produits d'hygiène et cosmétiques courants contenant des allergènes ou des perturbateurs endocriniens !

L'hygiène corporelle

Lorsque vous vous tartinez d'une crème conventionnelle du commerce, vous étalez sur votre corps des parabènes, d'autres substances potentiellement cancérigènes ou allergisantes, des perturbateurs endocriniens, de l'eau et des parfums de synthèse ! Bien sûr, le packaging est sympa et dans la pub on voit une femme courir gaiement dans un champ de coquelicots, cela fleure bon la nature, mais c'est faux : rien de naturel là-dedans, c'est mauvais pour votre santé, pour votre portefeuille et pour l'environnement !

Heureusement, il est très facile de prendre soin de soi au naturel tout en faisant des économies !

Le corps

Rien ne vaut un savon solide, comme un savon de Marseille ou d'Alep, souvent vendus sans emballage dans les magasins bio (environ 4 € le savon de 400 g, que vous pourrez également utiliser pour vos produits d'entretien !). C'est de loin la solution la plus écologique et la plus économique.

J'ARRÊTE DE SURCONSOMMER !

Il existe également des gels douche bio, parfois même vendus en vrac !

Les cheveux

Plusieurs solutions alternatives s'offrent à vous.

- Vous pouvez, dans un premier temps, passer au shampooing bio. Cette solution est meilleure pour vos cheveux et pour l'environnement, mais elle a un coût… et un emballage !
- Il existe également des shampooings solides, vendus en magasins bio. Ils se présentent sous la forme d'un savon mais moussent au contact de l'eau. Souvent vendus sans emballage, ils sont également économiques car ils durent très longtemps.
- Enfin, notre solution préférée : le no-poo !

Le no-poo ? Kézako ?

Il s'agit de se laver les cheveux avec des produits complètement naturels, sans shampooing ! Il existe mille et une façons de pratiquer le no-poo, mais nous allons vous lister les plus fréquentes, ainsi que notre chouchoute.

Recette de no-poo

Choisissez l'une des poudres suivantes :

- *le bicarbonate (attention, jamais plus d'une fois tous les dix jours !) ;*
- *le rhassoul, de la famille des argiles ;*
- *le shikakai, de la famille des hennés ;*
- *la farine de seigle ;*
- *la farine de pois chiches (notre coup de cœur pour sa facilité, son efficacité, son prix mini et la possibilité de réduire soi-même en farine des pois chiches secs achetés en vrac !).*

Ajoutez deux cuillères à soupe d'une des poudres dans de l'eau jusqu'à former une pâte ou un mélange plus liquide, selon votre préférence. Frottez bien votre cuir chevelu, laissez poser le temps de vous laver (une quinzaine de minutes pour le rhassoul) et rincez. Deux cuillères à soupe de vinaigre blanc dans 250 mL d'eau fraîche lors du dernier rinçage démêleront vos cheveux et les feront briller : pas besoin d'après-shampooing !

Marie : À chacun son no-poo !

« Tous les no-poo ne conviennent pas forcément à tous : le rhassoul, plébiscité par des milliers de personnes, me rend les cheveux complètement poisseux ! À l'inverse, certaines personnes trouvent la farine de pois chiches difficile à rincer alors que moi, pas du tout ! Il faut tester différentes méthodes pour trouver celle qui convient vraiment.

Avant de passer au no-poo, je me lavais les cheveux au shampooing tous les trois jours. Grâce au no-poo, sur une période de deux ans, j'ai arrêté complètement les shampooings, et je suis passée à un lavage tous les quinze jours. Ayant le cuir chevelu sensible, je n'ai plus jamais eu de sensation de brûlure ou de démangeaisons, mes cheveux n'ont jamais été aussi beaux et j'ai fait de sacrées économies ! »

Astuces :

- S'il reste des résidus dans les cheveux, ils s'éliminent facilement au brossage !
- Vous pouvez également agrémenter votre no-poo avec quelques gouttes d'huile végétale pour nourrir vos cheveux.

Le dentifrice

Il existe plusieurs alternatives au dentifrice du commerce.

- Vous pouvez par exemple mélanger 100 g de bicarbonate avec 1 cuillère à café de stévia (herbe édulcorante naturelle) et 5 gouttes d'huile essentielle de menthe poivrée. Attention cependant, le bicarbonate en usage quotidien peut se montrer abrasif !
- Certains utilisent de l'huile de coco accompagnée d'argile (1 cuillère à soupe d'argile pour 100 g d'huile).
- D'autres enfin utilisent de l'huile de coco pure, ou une alternance de ces méthodes, en fonction de ce qu'ils ont dans leurs placards !

N'oubliez pas que le brossage en lui-même est plus important que le produit que vous mettez sur votre brosse à dents !

Le déodorant

J'ARRÊTE DE SURCONSOMMER !

La plupart des déodorants du commerce contiennent des parabènes et/ou des sels d'aluminium, très néfastes pour la santé. Il est pourtant facile de fabriquer son déodorant soi-même avec des produits naturels et efficaces *(et en cinq minutes, s'il vous plaît !)*.

Recette du déodorant

- Mélangez 1,5 cuillère à soupe d'huile de coco avec 1 cuillère de bicarbonate et 1 cuillère de fécule (de maïs, de pomme de terre ou encore d'arrow-root, selon ce que vous avez en stock).
- Ajoutez, si vous le souhaitez, 4 ou 5 gouttes d'huile essentielle de palmarosa.

Astuce : Si vous n'avez pas mis d'huile essentielle, et que vous tombez en panne de dentifrice… ce mélange pourra très bien vous dépanner : c'est la magie de la simplification du quotidien !

Le papier toilette

Savez-vous que contrairement à l'idée reçue, le papier toilette n'est pas la solution la plus hygiénique ? Et qu'avec notre papier toilette, on traîne une réputation d'hygiène douteuse dans les pays où il n'est pas utilisé ? Il ne dispense de toute façon pas d'un bon lavage des mains !

De plus, le papier toilette est gourmand en ressources naturelles pour sa fabrication, pour son blanchissement ou sa coloration, pour le retraitement de l'eau dans lequel il s'est décomposé, pour la fabrication et le retraitement de son emballage. Quelle que soit la solution alternative envisagée, lingettes lavables ou douchette reliée à l'arrivée d'eau des toilettes, la planète sera toujours gagnante ! Et bien sûr, vous aurez deviné notre opinion sur les inventions inutiles et antiéconomiques telles que le rouleau qui se jette dans la cuvette ou le papier toilette humide industriel !

Si vous doutez, souvenez-vous que personne ne vous oblige à passer intégralement aux solutions alternatives, ni à les imposer à toute la famille ou aux amis !

Les cosmétiques

Saviez-vous que la France est le premier exportateur mondial de produits cosmétiques et de parfums ? Que les Français dépensent en moyenne plus de 200 euros par personne et par an en produits cosmétiques ?

Quand on connaît les ravages de ces produits pour la planète et pour notre santé, il est temps d'opter pour des solutions naturelles et économiques !

Les crèmes et laits corporels

Si vous êtes fan des crèmes corporelles, ou si vous en avez besoin car vous avez la peau très sèche, sachez qu'il est extrêmement facile d'en confectionner : en effet, une crème est tout simplement l'association d'une phase aqueuse de type hydrolat, d'une phase huileuse et d'un émulsifiant. Voilà la base, pas besoin d'un bac + 12 en physique chimie pour y arriver !

La recette de Marie

Pour 100 mL de crème, vous aurez besoin de 65 mL d'hydrolat et de 35 mL d'huile végétale, tous deux choisis en fonction de votre peau, et d'une cuillère à café d'émulsifiant. La lécithine de soja est un émulsifiant qui se trouve dans tous les magasins bio… au rayon alimentation !

- Faites chauffer au bain-marie l'hydrolat d'un côté, et de l'autre l'huile végétale avec l'émulsifiant. Quand ce dernier a fondu, assemblez le tout et mélangez énergiquement pendant trois minutes.
- Une fois le mélange refroidi, ajoutez une vingtaine de gouttes d'extrait de pépin de pamplemousse pour la conservation et des huiles essentielles (de 20 à 30 gouttes) choisies en fonction de vos besoins.

Les possibilités sont infinies en fonction des propriétés que vous souhaitez donner à votre crème : il existe des dizaines d'hydrolats, d'huiles végétales et d'huiles essentielles avec des propriétés différentes selon votre type de peau ! En voici quelques exemples.

	Hydrolats	Huiles végétales	Huiles essentielles
Peau sèche	Bleuet, rose de mai, ylang-ylang, fleur d'oranger	Argan, avocat, germe de blé	–
Peau grasse ou à problèmes	Citron, tea-tree, romarin, menthe	Noisette, sésame, jojoba	Romarin, lavande vraie, tea-tree
Peau sensible et réactive	Camomille, fleur d'oranger, jasmin	Amande douce, calendula	Achillée millefeuille

La crème à l'huile d'argan, ou comment on nous prend sérieusement pour des quiches ! Par Marie

Cette huile précieuse est réputée pour ses vertus anti-âge puissantes, c'est pourquoi l'industrie cosmétique s'en est emparée. Faites ce petit test : trouvez une crème à l'huile d'argan du commerce. Regardez les ingrédients : si le pourcentage des ingrédients n'est pas indiqué, sachez que les ingrédients sont classés par ordre décroissant. Le but du jeu est de retrouver la fameuse huile d'argan !

Dans une célèbre marque de cosmétiques, l'huile d'argan est utilisée à hauteur de 1 %. Un pot de 50 mL contient donc 0,5 mL d'huile d'argan, soit 3 gouttes ! Et le grand groupe cosmétique va profiter de la présence de cette huile populaire à dose homéopathique pour gonfler son prix, et la crème coûtera 12 €.

Pour 4 euros, je fabrique moi-même ma crème à l'huile d'argan, et mon pot de 50 mL en contient 15 mL, soit presque 30 % : je profite donc vraiment des principes actifs tout en payant trois fois moins cher. J'obtiens un produit de qualité, efficace, et je réduis mes déchets. *(Elle n'est pas belle, la vie ?)*

Voici donc la liste des ingrédients que j'utilise pour un pot de 50 mL :

- ✔ 30 mL d'hydrolat de rose ;
- ✔ 15 mL d'huile d'argan ;
- ✔ 1/2 cuillère à café d'émulsifiant végétal ;
- ✔ 10 gouttes d'extrait de pépin de pamplemousse (conservateur) ;
- ✔ 20 gouttes d'huiles essentielles (au choix, selon le type de peau).

Le maquillage

Marie

« Ah, le maquillage ! L'offre est tellement démesurée qu'il est difficile de s'y retrouver lorsqu'on essaye d'en avoir une consommation responsable ! Personnellement, c'est l'un de mes points faibles (avec les livres). »

Voici quelques éléments de réflexion pour repenser votre consommation.

- Interrogez-vous sur le prix du produit. Qu'est-ce qui se cache derrière un fard à paupières ou un vernis à 1 € en termes de production, de qualité et de conditions de travail ?
- En octobre 2015, un scandale a révélé l'exploitation d'enfants dans des mines en Inde pour extraire les fameux micas, ces minerais étincelants et colorés qui composent certains produits de maquillage. *(Pas très glamour, non ?)*

  Less is more : a-t-on vraiment besoin d'avoir trois palettes de fards à paupières ainsi que dix fards individuels ? Entre finir par s'en lasser, devoir en jeter au bout de plusieurs années et la place que cela prend dans la salle de bains, le piège du gaspillage nous guette à chaque instant ! C'est d'autant plus vrai pour les rouges à lèvres qui « tournent » encore plus vite que les fards. Être au clair avec sa consommation permet de ne pas gâcher !

  De plus, il est préférable d'avoir peu de produits, mais de meilleure qualité !
- Le maquillage bio est en plein essor en France depuis quelques années. Mais tous les labels ne garantissent pas le même pourcentage d'ingrédients issus de l'agriculture biologique ou encore d'ingrédients d'origine animale ! Si Écocert, Cosméco et Cosmebio sont parmi les plus connus, Nature & Progrès est le plus exigeant.

  Attention, un produit cosmétique bio ne rime pas nécessairement avec absence de test sur les animaux et encore moins avec absence d'ingrédients d'origine animale !

  Enfin, les grandes marques surfent sur la vague du naturel et du bio : il s'agit de ne pas tomber dans la surconsommation *green* ! N'achetez que si vous avez *besoin* !

Les tests sur les animaux

Depuis le 11 mars 2013, l'importation et la vente de cosmétiques testés sur les animaux, que ce soit sur le produit fini ou les ingrédients, est strictement interdite en Europe. C'est une excellente nouvelle, néanmoins les marques de cosmétiques, bio ou non, qui veulent accéder au marché chinois doivent pour cela tester leurs produits sur des animaux…

Pour vos achats de maquillage, privilégiez les produits possédant les labels cruelty-free, certifiant qu'aucun ingrédient du produit n'est testé sur les animaux et que la marque n'est pas implantée en Chine.

- ✔ **Le label Leaping Bunny garantit que les ingrédients ne sont pas testés sur les animaux et que la marque n'est pas implantée en Chine.**
- ✔ **Le label Vegan® garantit en plus l'absence de produit d'origine animale dans le produit (cire d'abeille, cochenille pour colorer, graisses animales).**

Voici une liste non exhaustive de produits cosmétiques non testés sur les animaux et véganes : Lamazuna®, Liquidflora, Zao, Lily Lolo (pour la plupart de ses produits).

Certains sites Internet, comme Vegan Mania, proposent un large choix de maquillage éthique !

- Fabriquez votre maquillage afin d'en maîtriser les composants ! Dans son ouvrage culte *Zéro Déchet*[3], Béa Johnson nous apprend comment confectionner du khôl en brûlant dix amandes. Il faut ensuite tamiser la cendre, ajouter une goutte d'huile végétale puis bien mouler. Elle fabrique également son blush en mélangeant de la poudre de cacao, de cannelle et de betterave.
  Cela ne s'arrête pas là, Internet regorge de recettes simples et basées sur des éléments qui, le plus souvent, se trouvent déjà dans votre cuisine !… Alors, prête à sauter le pas ?
- Et le démaquillage ? Rien de plus simple ! Quelques gouttes d'une huile végétale bio ôteront tout le maquillage, même waterproof. Rincez ensuite à l'eau avec une lingette lavable. Pour finir, un savon doux nettoiera votre visage et enlèvera les derniers résidus. Vous pourrez ainsi vous démaquiller avec des produits bio pour moins de 3 euros par an ! C'est la méthode que j'applique au quotidien.

3. Les Arènes, 2013.

Les consommables jetables de la salle de bains

Béa Johnson, dans sa conférence, insiste sur le fait que les objets jetables du quotidien sont de l'argent que nous jetons littéralement par les fenêtres, et elle a raison : ces objets à usage unique, ou presque, appellent à leur renouvellement infini. Afin de stopper ce mouvement perpétuel du porte-monnaie vers la poubelle, je vous propose de repérer les alternatives durables.

Et si je remplaçais un produit jetable...	... par un produit durable ?
Cotons-Tiges	Oriculi, ou cure-oreille (en vente en pharmacie et parapharmacie).
Protections périodiques	• Coupe menstruelle : aucun cas de syndrome de choc toxique rapporté, beaucoup plus hygiénique, et compatible avec tous les sports même extrêmes Et le port du stérilet. • Serviettes hygiéniques lavables : à acheter ou à confectionner ! Le prix d'achat peut sembler élevé mais sur le long terme vous serez largement gagnante : faites le calcul ! • Flux instinctif libre : méthode qui consiste à apprivoiser les muscles de son corps au point de pouvoir se passer totalement de protection périodique (rien que ça !).
Coton/lingettes démaquillantes	Lingettes lavables (découpées tout bêtement dans l'une des dizaines de serviettes présentes dans la salle de bains !).
Mouchoirs	Mouchoirs en tissu (tellement plus confortables !).
Rasoirs/crème dépilatoire	Rasoir durable en métal. Réduire un déchet, cela peut être aussi, dans un premier temps, réduire la fréquence d'utilisation (et donc celle du renouvellement) de l'objet en remettant en question la pratique sociale qui lui est associée. Certaines femmes ont remis en question l'image sociale moderne selon laquelle la femme serait plus belle sans ses poils. La réflexion est intéressante à mener (le regard de l'homme est tellement intégré que les femmes pensent sincèrement le faire pour elles-mêmes désormais), la réponse est personnelle et n'est pas unique. Pour les hommes, la réflexion n'est pas interdite également, entre se laisser pousser la barbe, se raser moins souvent, utiliser un blaireau (en fibres végétales !), un rasoir à lames en métal ou un rasoir électrique. Concernant le rasoir électrique, il utilise certes de l'électricité, mais il dure des années, et sa consommation est minime en comparaison de l'énergie et des ressources que nécessite la fabrication des millions de rasoirs jetables consommés.

Crème à raser	Peau savonnée/huile végétale/rien du tout (peau juste mouillée).
Gel hydroalcoolique	C'est l'occasion de remettre en question le besoin moderne de tout désinfecter, et d'ouvrir les yeux sur les conséquences de l'univers suraseptisé sur la santé et sur les phénomènes de résistance bactérienne. De plus, utiliser un gel antibactérien en lieu et place du savon ne sert à rien : c'est un peu comme si vous désinfectiez une plaie pleine de terre sans la nettoyer. Oubliez ce produit, et même en vadrouille : depuis quelques années, nous pouvons compter sur les doigts de la main les situations où nous n'avons pas pu nous laver les mains quand nous en avions besoin. Quant aux transports en commun, il sera bien plus efficace de vous laver les mains une fois arrivé à destination.
Exfoliants	Du marc de café, une cuillère de sucre dans de l'huile d'olive.
Brosse à dents	Brosse à dents 100 % compostable en bambou ! Pour l'instant nous ne l'avons trouvée que sur Internet, mais nous ne désespérons pas de la faire entrer dans les rayons de nos magasins bio !

Je passe à l'action !

✔ Mission 1 : Je remplace le gel douche et le savon liquide par du savon solide

Je m'accorde 1 point planète et 1 point économies si je mets en pratique ce conseil.

Je colle ici mes points pour la mission 1 :

Collez ici 1 point **Planète**

Collez ici 1 point **Économies**

✔ Mission 2 : Je teste au moins une sorte de no-poo

Je m'accorde 2 points planète et 1 point économies si je mets en pratique ce conseil.

Je colle ici mes points pour la mission 2 :

Collez ici 1 point **Planète**

Collez ici 1 point **Planète**

Collez ici 1 point **Économies**

✔ Mission 3 : Je réduis ma consommation de maquillage et j'apprends à décrypter les labels pour une consommation plus éthique

Je m'accorde 2 points économies, 1 point éthique et 1 point planète si je mets en pratique ce conseil.

Je colle ici mes points pour la mission 3 :

✔ Mission 4 : Je teste au moins deux alternatives durables parmi celles présentées dans le tableau précédent

Je m'accorde 2 points économies et 2 points planète si je mets en pratique ce conseil.

Je colle ici mes points pour la mission 4 :

J'ARRÊTE DE SURCONSOMMER !

JOUR 11
Les vêtements

Que ce soit pour nous ou pour nos enfants, l'achat de vêtements est l'un des domaines où nous basculons très facilement dans la surconsommation. Pourtant, le renouvellement des collections, l'envie de variété, la pression sociale liée au paraître ou au fait de changer de tenue chaque jour sont autant de pièges que nous pouvons éviter ou contourner. Cela n'empêche absolument pas d'aimer les vêtements et de s'habiller de manière coquette !

Par ailleurs, outre la question du budget nécessaire à la satisfaction de tous ces *besoins*, l'impact écologique et humain de notre surconsommation de vêtements est loin d'être anecdotique.

L'impact écologique

Quatre-vingts milliards de vêtements sont produits chaque année dans le monde[4]. Environ la moitié des fibres textiles est composée de coton, l'autre moitié, de fibres synthétiques. Ces deux types de fibres sont très polluants et énergivores : la culture du coton nécessite une consommation d'eau extrêmement importante ainsi que l'utilisation de tonnes de pesticides, et les fibres synthétiques sont fabriquées à base de pétrole, de charbon et de gaz naturel.

À cela s'ajoute l'utilisation de solvants, aux conséquences désastreuses sur la santé et sur l'environnement. Savez-vous que beaucoup de ces solvants, utilisés en particulier pour la fabrication des jeans, sont déversés sans vergogne dans des rivières par certaines usines, dévastant au passage tout l'écosystème qui s'y trouve, et empoisonnant humains et animaux ?

Vous ne regardez plus votre dernier tee-shirt du même œil, pas vrai ?

4. Source : Novethic.

L'impact humain

La très grande majorité des vêtements destinés à la vente en France sont fabriqués dans des usines implantées dans des pays en voie de développement. Pourquoi ? Tout simplement pour abaisser les coûts de production, et donc le prix des objets vendus : moins c'est cher, plus on peut en acheter, n'est-ce pas ? Cela rend la consommation d'habits neufs accessible aux populations les plus défavorisées, ayant un accès difficile à l'emploi. Mais la délocalisation des usines n'aide pas le réemploi des populations en question. N'y a-t-il pas quelque chose d'absurde dans ce deuxième effet Kiss Cool ?

Par ailleurs, de 80 à 90 % des ouvriers travaillant dans ces usines délocalisées sont des femmes. Elles sont rémunérées entre 40 et 80 euros par mois, souvent pour plus de 12 heures de travail par jour, 6 jours sur 7. Dans ces usines, le droit du travail le plus élémentaire n'est généralement pas respecté, que ce soit au niveau du temps de travail, de la rémunération ou des conditions de sécurité des salariés.

Marie

« J'ai été très affectée par l'effondrement du Rana Plaza, cet atelier de confection de vêtements au Bangladesh, en avril 2013. Cette catastrophe a causé la mort de plus de 1 000 personnes. En dépit des signaux d'alarme concernant l'état de l'immeuble, le danger a été nié et les employés ont été forcés de continuer leur travail sous peine de licenciement.

Ce drame a eu pour conséquence de focaliser les caméras du monde entier sur cette problématique pendant quelques semaines, mais comme tout événement médiatisé, il a été oublié avec le temps.

.../...

Afin de redorer leur blason, plusieurs entreprises qui vendent leurs vêtements en France ont redoublé leurs efforts de communication à propos de l'amélioration des conditions de travail, mais n'ont malheureusement pas été suivies d'effets concrets : trois ans plus tard, la situation n'a guère progressé. Cet événement a été un déclic pour moi. Depuis ce jour, je refuse d'acheter des vêtements provenant d'usines situées dans des pays qui exploitent les salariés. Je ne mets plus les pieds dans les grandes enseignes de vêtements bon marché. Je ne veux plus être le commanditaire de l'exploitation d'êtres humains. Mais je n'ai pas renoncé pour autant à me vêtir de façon correcte en me faisant plaisir ! »

Parlons maintenant de la vie de ces vêtements !

Sur les 600 000 tonnes de vêtements vendus en France chaque année, seulement un quart sera collecté et recyclé. Après une durée de vie de quelques mois à quelques années, 450 000 tonnes de vêtements viennent donc grossir les rangs de nos déchets déjà débordants ! Quand on sait ce qu'implique la fabrication de ces vêtements au niveau humain et écologique, cela fait froid dans le dos : tout ça pour *ça* !

Alors, que faire pour aller vers une consommation responsable ?

Heureusement, après ce bilan catastrophique, plusieurs alternatives s'offrent à nous ! Comme toujours, deux solutions peuvent se combiner : consommer moins et consommer mieux. À cela s'ajoute une troisième piste : valoriser nos déchets.

Consommer moins

Acheter moins de vêtements neufs, c'est consommer moins de fibres textiles polluantes et générer moins de dégâts lors de la production. Nous pouvons posséder moins de vêtements sans réduire notre confort quotidien.

Désencombrez votre garde-robe ! *Exit* ce jean que vous remettrez peut-être un jour, quand vous aurez perdu deux tailles, ou ce fuseau fluo qui, peut-être un jour, reviendra à la mode !

Tout ce que vous n'avez pas mis depuis un an doit sortir de votre armoire !

Consommer mieux

Pour consommer mieux en matière de vêtements, voici deux pistes :

S'orienter vers une production de vêtements éthiques

Ce choix n'est pas simple car plusieurs éléments viennent brouiller les pistes.

Tout d'abord, nous appelons à la plus grande méfiance vis-à-vis du *greenwashing* de certaines grandes marques qui proposent une gamme bio ou un système de recyclage des vêtements, alors que 95 % de leur production continue à être réalisée dans des conditions déplorables.

La garde-robe capsule (ou *capsule wardrobe*)

Connaissez-vous le concept de garde-robe capsule ?

Il s'agit d'une pratique qui fleurit sur Internet depuis quelques années, et qui permet de se composer une garde-robe minimaliste en se basant sur un nombre de pièces défini (37 pour certains, 50 pour d'autres), et surtout sur une manière d'assembler ces pièces pour en faire des tenues.

La garde-robe est ainsi vue dans son ensemble et non plus pièce par pièce.

Qui n'a pas, dans son armoire, une magnifique blouse pourtant immettable car elle ne s'accorde avec aucun bas que nous possédons déjà ? Ou une paire d'escarpins magnifiques mais qui font marcher comme un girafon qui vient de naître ?

Une garde-robe capsule bien étudiée et personnalisée vous évitera de vous demander chaque matin ce que vous allez bien pouvoir mettre devant un placard qui déborde de vêtements ! Toutes vos pièces seront choisies selon votre goût et votre confort.

Moins de choix, moins de temps perdu, moins d'entretien du linge, et plus de plaisir !

De nombreuses fashionistas ont adopté cette pratique. Et vous, y penserez-vous ?

Plusieurs labels existent concernant les vêtements, comme Eko, Oeko-Tex® ou Max Haavelar *(eh non, ce n'est pas que pour le café !)*. Malgré tout, il reste assez compliqué aujourd'hui de s'y retrouver entre les différentes certifications et le *greenwashing* ambiant.

Dans son blog Échos verts, Natasha a recensé quelques marques qui se distinguent par leur aspect éthique, en particulier Amaboomi®, Armedangels®, Juste®, Patagonia® et People Tree®. Cependant, aucune marque n'est à 100 % éthique, quelle que soit sa certification.

En effet, comment un vêtement pourrait-il être 100 % éthique ? Les incidences environnementales sont si nombreuses à chaque maillon de la chaîne de production qu'aucun vêtement ne peut être garanti « zéro impact » ! Ainsi tel vêtement va contenir du coton biologique mais être fabriqué en Asie, telle marque va faire un effort concernant les conditions de travail de ses salariés mais ne va pas utiliser de coton biologique, telle autre sera plus locale mais utilisera comme matière première des produits d'origine animale (cuir, fourrure, avec les conditions de vie et d'abattage que l'on connaît), etc.

S'orienter vers les vêtements d'occasion

Finalement, le seul vêtement sans conséquence ne serait-il pas le vêtement d'occasion ? Même s'il a bien dû mobiliser des ressources pour être fabriqué, nous pouvons considérer qu'il n'a plus d'impact à partir du moment où son premier propriétaire cherche à s'en débarrasser. Au lieu de terminer comme un déchet, à l'instar des trois quarts de ses congénères, il pourra servir à une autre personne qui n'achètera pas, à sa place, de vêtement neuf, et n'alimentera donc pas la surfabrication de vêtements.

Peut-être rencontrez-vous des réticences à vous imaginer acheter des vêtements d'occasion ? Voici celles que nous rencontrons le plus souvent dans notre groupe :

Je trouve sale de mettre des vêtements déjà portés par un inconnu

Ha, la question de l'hygiène ! Un vêtement neuf acheté dans un magasin n'a-t-il pas été essayé plusieurs fois avant que vous ne l'achetiez ? Ne contient-il pas sur lui un lot de produits toxiques, comme les fameux solvants que nous abordions plus haut ?

Et donc, que faites-vous une fois arrivé chez vous ? Vous le lavez ! Et vous considérez qu'après cela, il est propre ! Pourquoi n'en serait-il pas de même avec les vêtements de seconde main ?

Je ne sais pas où trouver des vêtements d'occasion

Nous avons de la chance, le marché des vêtements d'occasion est en pleine expansion. Il existe de plus en plus de ressourceries, de dépôts-ventes et d'associations caritatives (Croix-Rouge, Emmaüs et ses Ding Fring).

Il est plus difficile de trouver ce qu'on cherche

Il est vrai que lorsqu'on cherche une pièce précise, il peut être plus fastidieux de la trouver d'occasion. Cela demande de sortir du cycle de l'immédiateté : « Je veux ça. Je rentre dans un magasin. Je l'achète. »

Quelques pistes concrètes :

- revoir nos exigences à la baisse et essayer de nous satisfaire de ce que nous trouvons ;
- différer nos pulsions d'achat pour prendre le temps de trouver une pièce en occasion (c'est peut-être bien là ce qui est le plus difficile !) ;
- se tourner vers les sites de vente entre particuliers, qui offrent la possibilité de rechercher un bien précis dans leurs moteurs de recherche. Citons Leboncoin mais aussi les plus spécialisés Vinted ou Videdressing. La liste est loin d'être exhaustive !

Et, pour les enfants, il y a de quoi être noyé devant la multitude d'opportunités !

Les vêtements d'occasion sont moches !

S'il est vrai que certaines associations ressemblent au grenier de votre grand-mère, il est souvent possible de dénicher des pièces très intéressantes en farfouillant un peu ! De plus, voici un petit secret pour trouver des pièces encore à la mode mais en occasion : lorsque vous repérez un vêtement qui vous plaît dans un magasin, ayez le réflexe de noter sa référence pour essayer de le trouver d'occasion. Vous risquez d'être surpris : de nombreux vêtements neufs encore en vente sont déjà sur le marché de l'occasion... *(Testé et approuvé !)*

Acheter d'occasion, c'est priver les plus démunis de la possibilité de se vêtir !

Prenez contact avec ces associations pour discuter de cette question : vous serez surpris de constater qu'au contraire, elles ont besoin de votre soutien pour exister ! En achetant d'occasion dans ces structures, vous financez la réinsertion : c'est important !

Marie : Mes astuces personnelles

« Cela fait plus de deux ans que je n'achète plus de vêtements neufs, et je n'ai pas renoncé à être coquette pour autant ! Afin de ne plus perdre de temps, j'ai mis en place une stratégie lorsque j'ai besoin d'acheter des vêtements pour mon fils ou pour moi.

- Je me suis créé un réseau ! Demandez autour de vous, beaucoup de personnes ne savent absolument pas quoi faire de leurs anciens vêtements ! Pour mon fils, j'ai mes fournisseurs attitrés parmi mes copines ! Elles me donnent les vêtements trop petits de leurs enfants, et je les redonne à mon tour à d'autres quand ils sont trop petits pour mon fils. Pour moi, je les récupère parfois de ma mère ou de ma sœur.
- À chaque changement de saison, après avoir fait un état des lieux précis de nos armoires et constaté ce qui nous manque réellement, je fais un ou deux vide-greniers, assez tôt le matin.
- Je me suis concocté un carnet d'adresses composé de trois associations locales et d'un site Internet, en plus de ce que me donnent les copines et de ce que je trouve en vide-greniers, cela me suffit pour nous habiller entièrement ! Finis les après-midi passés à errer dans les centres commerciaux, je ne contribue plus à la surproduction de vêtements, et quelles économies !

J'espère que vous connaîtrez, grâce à ce chapitre, le plaisir qui est le mien lorsqu'une copine me dit : "Waouh, elle est trop belle ta robe, tu l'as achetée où ?", et que je lui réponds fièrement : "Chez Ding Fring !" »

Recycler

Que faire des vêtements qui ne nous servent plus ?

Vous pouvez :
- les donner à des personnes que vous connaissez ou à une association ;
- les vendre sur les sites mentionnés plus haut, lors de vide-greniers ou vide-maisons ;
- les recycler vous-mêmes en créant des lingettes lavables, des torchons ou des tawashis (sortes d'éponges tressées en vêtements recyclés) ;
- les déposer dans un circuit de recyclage.

Plus jamais un vêtement ne doit atterrir dans votre poubelle !

À retenir

✔ **La production de vêtements a un impact écologique et humain extrêmement néfaste.**

✔ **La plupart des vêtements viennent grossir la masse déjà trop conséquente de nos déchets.**

✔ **Pour s'habiller écolo et éthique, privilégiez les vêtements labellisés ou d'occasion.**

✔ **Faites un point sur votre garde-robe pour ne garder que le nécessaire et valorisez les vêtements que vous ne portez plus en les donnant, en les vendant ou en les recyclant.**

Je passe à l'action !

✔ Mission 1 : Je m'attaque à ma garde-robe !

- Je fais trois tas : un pour les vêtements que je mets le plus souvent, un pour ceux que je mets de temps en temps, un pour ceux que je n'ai pas mis depuis un an, ou qui sont abîmés et immettables.
- Je me débarrasse du troisième tas en suivant les solutions données plus haut.

- Je détermine le nombre de pièces qui correspond à mon besoin (tant de pantalons, tant de gilets…), je les sélectionne dans le premier tas et je mets le reste dans le deuxième tas ;
- Je range le deuxième tas dans un carton et je ne le ressors qu'à la saison prochaine.

Je m'accorde 1 point planète.

Je colle ici mes points pour la mission 1 :

✔ Mission 2 : Je recense les points de vente de vêtements d'occasion

Je découvre ce que mon environnement local a à me proposer en matière de vêtements d'occasion. Je tape sur un moteur de recherche « ressourcerie », « gratiferia », « association caritative » + mon département, et je remplis le carnet d'adresses ci-dessous.

Je m'accorde 1 point planète et 1 point éthique si je mets en pratique ce conseil.

Je colle ici mes points pour la mission 2 :

✔ Mission 3 : La prochaine fois que j'ai besoin d'un vêtement, je l'achète d'occasion

Je saute le pas d'acheter un vêtement d'occasion, même (surtout !) si je suis réfractaire à cette idée, pour tester !

Je m'accorde 1 point économies, 1 point éthique et 1 point planète par session shopping seconde main.

Je colle ici mes points pour la mission 3 :

Notebook

Adresses et horaires des magasins ou associations de seconde main autour de chez moi :

....

....

....

....

....

Localisation des bornes de récupération des vêtements usagés ou associations où je peux les donner :

....

....

....

....

J'ARRÊTE DE SURCONSOMMER !

JOUR 12
Les enfants

État des lieux

Il est extrêmement difficile d'obtenir des données statistiquement significatives pour évaluer les coûts moyens liés aux enfants au sein d'un ménage. Les biais statistiques sont très importants et les données parcellaires. Difficile donc de chiffrer des situations ciblées telles que l'arrivée d'un bébé ou le coût d'un jeune enfant, mais voici tout de même quelques repères pour vous permettre de vous situer *(bien qu'il faille les prendre avec toutes les pincettes qu'il se doit)*.

Le bébé en chiffres moyens[5] :

- couches, 40 € par mois ;
- soins, 560 € pour six mois ;
- vêtements, 50 € par mois ;
- puériculture, 820 € d'équipement.

Selon ces chiffres, les six premiers mois de l'enfant *coûteraient* près de 1 950 euros ! Ces chiffres ne prennent pas en compte les prestations sociales ou la prime de naissance, mais même ! Il n'est pas utile de dépenser autant pour les enfants, sans pour autant que cela rime avec défaut de soins, car on paie avant tout l'industrialisation des produits et le marketing associé !

Les alternatives aux produits de la petite enfance

Toilette

Savez-vous qu'il n'est pas utile de laver ni même de baigner un bébé chaque jour ? Au contraire, savonner un bébé chaque jour peut fragiliser sa peau.

5. Source : Benchmark Group, 2007.

Il n'est pas utile d'utiliser non plus du shampooing spécial bébé : vous pouvez utiliser le même savon/gel neutre, et une fois par semaine est bien plus que suffisant pour les cheveux de bébé.

Herveline

« Chez nous, nous avons utilisé pour ma fille une base lavante bio neutre, dès sa naissance, la même que pour toute la famille. »

Produits pour le change (crème, lingette)

Souvent, le liniment oléocalcaire est suffisant. Vous n'avez pas besoin d'utiliser des crèmes pour siège si l'état dudit siège ne le nécessite pas. Les lingettes sont à bannir ! Écologiquement désastreuses et encore plus si on les jette dans les toilettes, elles sont également un gouffre financier. De plus, elles sont saturées de produits toxiques, irritants, allergisants, voire cancérigènes. Un gant, de l'eau et de l'huile les remplaceront avantageusement.

Coton

Les cotons se remplacent par des lingettes lavables, de simples carrés découpés dans une couverture (ou une vieille doublure) polaire, ou encore par des gants de toilette.

Cotons-Tiges

C'est l'occasion de découvrir le cure-oreille ou oriculi ! Certaines familles n'utilisent rien du tout ! Le passage à l'eau lors de la douche ou du bain suffit à ramollir suffisamment le cérumen pour qu'il s'écoule, il suffit alors de l'enlever avec un gant ou une lingette lavable.

Lait hydratant

Le lait hydratant se remplace très bien par de l'huile. Savez-vous que l'hydratation externe n'agit que très peu sur l'état de la peau, et que c'est l'hydratation interne qui fait la différence ? Or, l'huile a pour fonction de maintenir la peau hydratée en empêchant l'eau de s'évaporer.

Herveline

« J'ai souvent tendance à prendre l'huile qui se trouve dans ma cuisine puisqu'elle est bio, vierge et de première pression à froid ! »

Couches

Savez-vous qu'avec les couches jetables utilisées pendant une année, on pourrait remplir la surface du Champ-de-Mars jusqu'au sommet de la tour Eiffel ? Les couches jetables sont un véritable désastre écologique, sans compter que les substances présentes à l'intérieur pour former l'effet « fesses au sec » sont très nocives. Je ne vous parle même pas des agents blanchissants ! L'alternative, ce sont les couches lavables, qui sont de plus en plus fines et efficaces. Sur les derniers modèles, on peut garder plusieurs fois l'enveloppe de la couche et ne changer que l'insert (rectangle de 20 cm sur 8).

Herveline

« Cela ne prend pas de place dans la machine à laver et, pour notre part, c'était transparent question lavage. Nos factures d'eau et d'électricité n'ont pas non plus augmenté. »

Vêtements

Les vêtements d'occasion sont le plus souvent comme neufs ou presque, et permettent d'amortir le coût écologique de la production de vêtements. Déjà portés et lavés, ils sont également moins nocifs pour la peau du bébé. Cela est bien entendu valable pour les enfants plus grands !

La liste de naissance

Là encore, l'occasion est vraiment conseillée. Les enfants à peine nés n'ont presque aucun besoin de neuf, et les objets qui ont servi à peine quelques mois sont pour la plupart en excellent état.

Les enfants plus grands

Quand on est parent, au quotidien, on sait à quel point on ne fait pas que consommer *pour* les enfants, on consomme aussi *avec* eux, car ils sont la cible privilégiée du marketing. Les industriels ne reculent devant aucun levier d'achat.

- La crise « j'me roule par terre » dans les magasins et le parent, fatigué et/ou honteux, désireux de calmer les décibels de son enfant : les petits objets colorés, bonbons, plastiques sur la devanture des caisses sont le coup de grâce.
- L'amour : on a beau savoir que l'amour ne s'achète pas et ne se prouve pas par les cadeaux, la peur du manque affectif étreint le cœur de tous les parents, ce levier est très facile à actionner.
- La peur du rejet de la différence est également un sujet très sensible pour les parents, et les conduit souvent à une surenchère de consommation en matière de vêtements, de loisirs et de jeux selon la norme en vigueur.

Tous ces leviers ont en commun un vecteur puissant, celui de la culpabilité. Quel parent ne se sentirait pas coupable de ne pas vouloir le meilleur pour son enfant ? Tout est orchestré, au travers des publicités, des films, des séries, des dessins animés ou des magazines, pour que ce sentiment de culpabilité soit fort et vienne brouiller le raisonnement. C'est comme cela que des marques très connues vendent des millions de flacons contenant des perturbateurs endocriniens et des agents potentiellement cancérigènes : elles sont connues, elles sont plus chères, on en déduit qu'on paie le prix de la qualité et de l'innocuité. Qui voudrait sciemment acheter un produit moins sûr pour son enfant ? Et pourtant, tous ces produits sont nocifs : on nous fait acheter des produits dangereux en appuyant sur le bouton *culpabilité*.

Comment savoir de quoi a réellement besoin un enfant ?

Nous avons choisi de considérer que, en dehors des besoins physiologiques (nourriture, hygiène), matériels (vivre dans un endroit sécurisant) et affectifs (amouuuuuur !), il est essentiel de répondre au besoin de garantir la bonne santé (par une alimentation et une vie les plus saines possibles) et de contribuer à assurer un avenir pas trop incertain à nos enfants… Pas de planète, pas d'avenir. Planète en proie à des catastrophes climatiques, des flux migratoires incontrôlés, à des guerres pour les ressources : avenir difficile.

Parfois, les mesures à prendre pour répondre à ces besoins fondamentaux semblent en contradiction avec les envies des enfants.

Par ailleurs, on entend souvent qu'il faut préserver leur innocence… en leur offrant un temps présent identique à celui de tous les autres enfants.

Oui, mais en agissant de la sorte, qu'est-ce que cela leur apprend ?

- Cela les place sur le même chemin consumériste que nous, or nous avons expérimenté le fait qu'il est très difficile de s'en détourner ensuite !
- Cela leur enseigne que surconsommer est normal, que les objets arrivent dans leur environnement par magie, sans conséquences sur la Terre et sur les autres êtres vivants.
- Cela leur laisse croire que notre budget pour eux est infini : n'est-ce pas leur apprendre que le bonheur réside dans la consommation et dans le fait d'avoir de l'argent ?

Pour préserver leur innocence présente, nous condamnons leur avenir.

Alors nous avons décidé de leur parler et de leur expliquer de manière adaptée à leur âge les causes et les conséquences de nos choix.

- Pourquoi la Terre se réchauffe.
- Pourquoi les abeilles se meurent, les conséquences sur la Terre, sur les animaux, sur les êtres humains. Le fait qu'il est essentiel de respecter la terre et les animaux pour eux-mêmes et également pour notre survie.
- D'où proviennent leurs jouets, leur impact environnemental et humain, où ils finissent quand ils sont cassés, l'importance de respecter l'objet, de respecter celui qui l'a fabriqué.
- Où vont les déchets, l'importance de les trier et d'en produire le moins possible.

Pour avoir des pistes sur comment sensibiliser les enfants à la surconsommation afin d'en faire de petits alliés et de futurs colibris, rendez-vous au jour 17 !

Je passe à l'action !

✔ Mission 1 : Je choisis mes alternatives

Je mets en application trois alternatives bébé/enfant parmi celles proposées.

....

....

....

Je m'accorde 1 point planète et 1 point économies par alternative effectivement mise en place.

Je colle ici mes points pour la mission 1 :

Collez ici 1 point **Planète**

Collez ici 1 point **Économies**

✔ Mission 2 : Je ne culpabilise plus

Pour chaque pulsion d'achat concernant un objet spécifique, je me répète : « Je suis un bon parent même si je ne tombe pas dans le piège du marketing bébé/enfant ! »

Je m'accorde 1 point éthique, 1 point économies et 1 point planète quand cela débouche sur un non-achat ou sur la mise en place d'une alternative.

Je colle ici mes points pour la mission 2 :

Collez ici 1 point **Éthique**

Collez ici 1 point **Planète**

Collez ici 1 point **Économies**

✔ Mission 3 : Je réfléchis avant d'acheter

Avant chaque achat, je me réfère au graphique d'aide à la décision suivant.

Je m'accorde les points que m'indique le graphique.

J'ARRÊTE DE SURCONSOMMER !

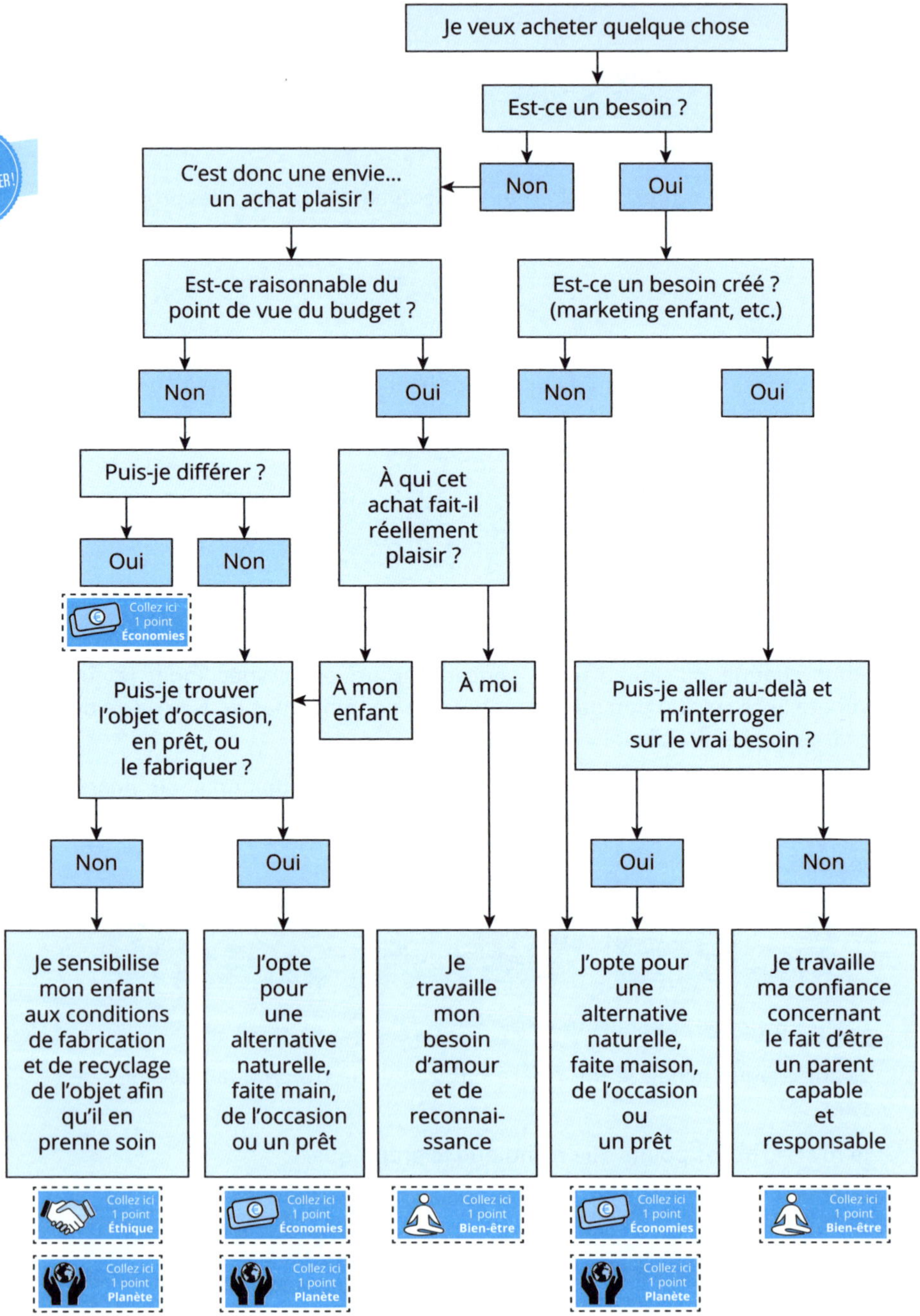

Avez-vous besoin ou avez-vous envie ?

JOUR 13
Mon logement

Nous avons généralement une marge de manœuvre considérable concernant la consommation de notre logement, en termes de ressources énergétiques et naturelles, mais aussi de produits d'entretien. Heureusement, il existe une multitude d'alternatives durables et économiques !

Les alternatives pour une maison propre au naturel

La plupart des produits que nous utilisons pour nettoyer l'intérieur de notre maison sont des détergents issus de l'industrie pétrochimique qui contiennent des tensioactifs de synthèse. Leurs composants, très polluants, se dispersent dans l'eau, sans parler des émanations que nous respirons.

Or, il est très facile d'entretenir toute sa maison avec seulement quelques produits très économiques, simples et rapides à fabriquer *(parole de flemmarde !)*. Sur notre groupe d'entraide, nous constatons chaque jour que cette étape fait partie des plus simples à mettre en œuvre.

Voici les ingrédients indispensables :

- le savon de Marseille (sans glycérine) ;
- le bicarbonate de soude, idéal pour récurer et désodoriser ;
- le vinaigre blanc, qui désinfecte et détartre parfaitement ;
- les cristaux de soude, votre alliée contre les taches et pour récurer sans effort ;
- l'huile essentielle d'arbre à thé (ou tea-tree). Elle remplacera à merveille l'eau de Javel pour désinfecter vos surfaces ;
- l'huile essentielle de citron, parfaite pour assainir votre intérieur et donner une bonne odeur vitalisante à vos produits maison ;
- l'huile essentielle de lavande, pour parfumer agréablement votre lessive.

Avec ces quelques produits, vous pourrez faire briller votre maison de fond en comble, nettoyer les vitres, récurer votre four ou nettoyer les

W.-C. ! Ils sont tous disponibles en magasins bio, et même en vrac pour certains d'entre eux !

Recette du produit nettoyant multiusage

Pour 1 litre :

- *5 cuillères à soupe de vinaigre blanc ;*
- *1 cuillère à soupe de bicarbonate de soude ;*
- *10 gouttes d'huile essentielle d'arbre à thé ;*
- *Le reste d'eau chaude !*

Ce produit nettoiera parfaitement toutes vos surfaces. Pour nettoyer les sols, utilisez l'équivalent de deux bouchons de ce produit dans un seau d'eau chaude.

Recette du produit vaisselle

Pour 300 mL :

- *15 g de savon de Marseille râpé ;*
- *1 cuillère à soupe de cristaux de soude ;*
- *15 gouttes d'huile essentielle de citron ;*
- *Le reste d'eau chaude !*

Faites fondre le savon dans l'eau chaude et ajoutez les cristaux de soude et, après refroidissement, l'huile essentielle.

N. B. : Si vous tombez en panne de produit vaisselle et que vous n'avez pas le temps d'en refaire tout de suite (ou tous les ingrédients) : pas de panique, la vaisselle se fait très bien... au simple savon de Marseille !

La lessive

Il est difficile de créer un produit plus néfaste que la lessive industrielle ! La plupart des lessives du commerce sont composées d'une dizaine de produits différents, notamment des tensioactifs, colorants et parfums de synthèse !

Ah, les parfums... ! Doit-on rappeler que ce n'est absolument pas grâce aux parfums que le linge est nettoyé ? Ces parfums de synthèse n'ont aucun autre but que de nous faire croire que le linge est propre, et de faire vendre la lessive.

Recette naturelle de la lessive

Pour 1 litre :

- *50 g de savon de Marseille râpé ;*
- *1 cuillère à soupe de bicarbonate de soude ;*
- *100 mL de vinaigre ménager ;*
- *5 gouttes d'huile essentielle d'arbre à thé ;*
- *900 mL d'eau bouillante.*

Mélangez les différents ingrédients dans l'eau bouillante, rajoutez l'huile essentielle après refroidissement et le tour est joué !

120 mL de cette préparation suffiront à nettoyer une tournée de linge sale.

Pour obtenir toutes les recettes pour nettoyer votre maison au naturel du sol au plafond, consultez le livret de Raffa, *Le Grand Ménage*[6], disponible en téléchargement libre, et qui reste la bible en la matière !

Par ailleurs, repensez vos habitudes de ménage, car elles sont parfois responsables de votre surconsommation. Entretenir en trente secondes son lavabo, son évier ou sa gazinière (et même les W.-C. !) une fois tous les deux jours, en passant un coup de lingette (lavable !) imbibée de produit multiusage (fait maison !), évite l'accumulation de la crasse et du calcaire : vous aurez donc besoin d'utiliser moins de produit pour un environnement plus durablement propre.

Et puis, s'il vous plaît, oubliez l'eau de Javel, elle tue tout sur son passage, les mauvaises bactéries comme les bonnes, rendant l'environnement beaucoup plus vulnérable aux bactéries super-résistantes, c'est une catastrophe pour la santé publique et les écosystèmes !

Vous pourrez également vous servir des ingrédients de base pour d'autres utilisations que le ménage :

- le savon de Marseille s'utilise aussi pour se laver ;
- le bicarbonate remplace la levure chimique dans les gâteaux ;
- les huiles essentielles peuvent être utilisées dans le cadre d'un usage cosmétique. Par exemple, l'huile essentielle d'arbre à thé est parfaite pour purifier une peau à problèmes, intégrée à une recette facile de crème de jour ou localement pure sur un bouton (une goutte suffit !).

6. http://raffa.grandmenage.info/post/2006/01/12/Livret____Le_Grand_M%C3%A9nage____Versions_finales

La mutualisation, voilà bien la base de la simplification et le secret d'un petit budget !

Et si je remplaçais un produit jetable ou nocif…	… par une alternative durable ?
Les désodorisants (extrêmement nocifs pour les voies respiratoires !)	Dans les toilettes, craquez une (ou deux !) allumettes. Dans le réfrigérateur : un petit bol de vinaigre blanc. Dans le fond de la poubelle : un peu de bicarbonate. Pour enlever des odeurs de cuisine : faites bouillir un fond de vinaigre blanc, laissez reposer un peu. Les odeurs disparaîtront en même temps que celle du vinaigre ! Aérez !
Le déboucheur	Mélangez du gros sel et du bicarbonate en proportion égale et versez cette poudre dans la bonde, il ne reste plus ensuite qu'à y ajouter du vinaigre chaud allongé d'un peu d'eau. Ça va mousser… c'est normal !
Les éponges et l'essuie-tout	*Cf.* jour 9 !
Les lingettes nettoyantes	*Cf.* jour 12 ! Rappelez-vous que toutes sont toxiques et antiéconomiques.
Les lingettes antidécoloration	Trier le linge : blanc, couleurs, foncé/noir. Lingettes antidécoloration lavables (en vente sur les sites commerciaux écologiques).
L'adoucissant	Un demi-verre de vinaigre blanc dans le bac dédié.
Le détachant	Si possible, nettoyez tout de suite avec du savon. Dans les autres cas, frottez le savon de Marseille directement sur la tache, des deux côtés du tissu.

La consommation de mon logement

La consommation d'électricité

Voici les consommations moyennes en matière d'électricité. Elles sont bien évidemment à relativiser puisque les biais sont multiples (type de chauffage et isolation du logement en particulier).

- Chauffage : environ 110 kWh par mètre carré et par an.
- Eau chaude : environ 800 kWh par personne et par an.
- Cuisson : environ 200 kWh par personne et par an.
- Appareils électroménagers et éclairage : environ 1 100 kWh par ménage et par an.

Herveline

« Selon ces données et la composition de mon foyer, deux adultes et deux enfants, mon chiffre de référence serait de 17 200 kWh. Cette année, nous avons consommé 2 600 kWh, mais nous habitons depuis un an dans une maison basse consommation (ce qui est la norme de toute nouvelle construction depuis 2012), nous ne nous chauffons qu'au poêle à pellets et possédons un chauffe-eau thermodynamique, beaucoup moins énergivore que son ancêtre le ballon traditionnel à résistance. Les années précédentes, dans une maison de même taille, très mal isolée, en chauffage tout électrique et avec un ballon ancienne génération, nous consommions environ 12 000 kWh, soit 30 % de moins que les chiffres moyens. »

Et vous, si vous alliez jeter un œil sur votre consommation annuelle ?

Les économies de kilowattheure étant une façon plus sûre et plus durable d'économiser sur la facture que la recherche du fournisseur le moins cher, voici les pistes que nous vous proposons :

- remplacer progressivement les ampoules par des LED ;
- éteindre la lumière dès que l'on quitte une pièce ;
- mutualiser l'usage du four, éteindre quelques minutes avant la fin de la cuisson ;
- investir dans de l'électroménager A+ quand les appareils rendent l'âme et qu'ils sont irréparables ;
- rationaliser l'usage de la machine à laver, ne pas laver de manière systématique, mais lorsque le linge est taché ou qu'il sent ;
- utiliser systématiquement le mode éco du lave-linge et du lave-vaisselle : les cycles sont plus longs car la résistance est moins sollicitée et la température de l'eau plus basse, mais ils consomment entre 30 et 45 % d'énergie en moins !
- n'utiliser le sèche-linge qu'en cas d'épidémie de gastroentérite à la maison ;
- éviter *autant que possible* l'usage des appareils à résistance (radiateurs d'appoint, grille-pain, bouilloire électrique, fer à repasser…) ;

- réduire le nombre de douches en introduisant des toilettes de chat (gant et savon, au lavabo) ce qui réduit énormément le volume d'eau chaude utilisée, et donc la consommation électrique du ballon ;
- penser à limiter les veilles également !

Et concernant le chauffage, voici quelques pistes.

- Accepter d'avoir un peu moins chaud et de mettre un pull (chauffage à 19 °C). Le plus dur est de trouver l'équilibre entre la baisse du chauffage et la maîtrise de l'humidité !
- Placer du scotch de peintre autour du chambranle des fenêtres et des portes pour limiter l'entrée d'air froid, en veillant à ne pas obturer les aérations naturelles.
- Fermer les volets dès que la luminosité baisse en hiver *et* fermer les rideaux. Si les radiateurs sont sous les fenêtres, veiller à ce que les rideaux soient plaqués sur la fenêtre de sorte que vous ne perdiez pas de chauffage entre la vitre froide et le rideau !

Gardez à l'esprit que les petits lits font les grandes rivières : chaque kilowattheure non consommé participe à une économie significative !

Marie

J'habite dans une maison ancienne et pourtant, notre consommation d'énergie est presque divisée par deux par rapport à la première estimation de notre fournisseur ! Chez nous, chaque petit geste compte et les enfants sont également sensibilisés à cette question. À la fin de l'année, ce sont des centaines d'euros économisés pour en profiter en famille. Cela vaut bien le coup d'éteindre la lumière en quittant une pièce, non ?!

Électricité verte, comment faire le bon choix ?

La question qui revient souvent au sein du groupe est : quel est le fournisseur le moins cher ?

Nous expliquons alors qu'il est plus efficace d'apprendre à économiser l'énergie, et qu'il est important de choisir un fournisseur vert, car cela finance le développement des énergies renouvelables : c'est donc un acte militant et écologique.

Mais lequel choisir ? Le *greenwashing* est particulièrement pernicieux en la matière… *Cf.* Lampiris qui a été racheté par Total !

À notre connaissance, Enercoop est en France le seul fournisseur d'énergie 100 % éthique et verte.

- ✔ Leur mix énergétique est 100 % vert.
- ✔ Ils sont plus chers car leurs tarifs reflètent les coûts réels de production au lieu d'être basés sur des opportunités commerciales, et leur tarif unique (pas d'heures creuses/heures pleines) attire l'attention sur la véritable fonction des heures creuses : écouler le surplus d'énergie produit par les centrales à un moment où le besoin énergétique est moins élevé.
- ✔ Ils s'inscrivent dans la démarche négaWatt : « L'énergie la plus propre et la moins chère est celle que nous ne consommons pas. ».
- ✔ Ils encouragent un modèle où l'énergie serait produite selon le juste besoin et distribuée localement.
- ✔ Créée par Greenpeace et la Nef, Enercoop est une société coopérative d'intérêt collectif. Cela implique, outre le partage démocratique du pouvoir au sein de l'entreprise, que la part des excédents redistribuables ne peut en aucun cas excéder 42 % du résultat, contre… 85 % dans les firmes traditionnelles. Ce qui veut dire que 58 % des bénéfices sont obligatoirement réinvestis dans le cœur de l'activité.

Une fois l'énergie verte produite, elle est déversée dans le réseau unique. Votre maison ne sera donc pas alimentée avec 100 % d'électricité verte. En revanche, financer l'électricité verte, c'est permettre que de plus en plus d'énergie verte alimente le réseau. Tant que les politiques ne s'engagent pas réellement, le financement du consommateur restera crucial : sans lui, pas de développement des énergies renouvelables possible.

La consommation d'eau

J'ARRÊTE DE SURCONSOMMER !

Voici quelques points de repère, qui sont toujours des chiffres moyens[7] :

- un adulte consomme 160 litres/jour ;
- une personne consomme par an 60 m^3, dont 20 m^3 d'eau chaude sanitaire ;
- quatre personnes consomment par an 150 m^3, dont 50 m^3 d'eau chaude sanitaire.

Herveline

« Suivant la composition de mon foyer, mon point de référence est de 150 m^3 par an. Nous consommons à quatre entre 50 et 60 m^3 selon les années, sans faire d'efforts incommensurables, et nous avons une marge, car nous ne récupérons pas systématiquement les eaux grises ! »

La consommation d'eau des ménages concerne les bains/douches (40 %), les chasses d'eau (20 %) et le linge (12 %). Bonne nouvelle : ces trois postes offrent de multiples pistes d'économies !

- Chasse d'eau : une chasse d'eau consomme environ 10 L d'eau. Vous pouvez placer une brique ou une bouteille d'eau dans le réservoir ; ne tirer qu'une chasse d'eau sur deux pour les petites commissions ; récupérer les eaux grises de votre maison (eau de la douche pendant qu'elle chauffe et pendant que vous vous mouillez, eau de lavage des légumes ou des lavages de main) et les verser dans les toilettes en lieu et place des chasses d'eau : faire tourner les toilettes avec de l'eau potable est tout de même un non-sens écologique et éthique absolu ! Enfin, les toilettes sèches constituent une solution radicale question consommation d'eau, mais pas moins confortable que les toilettes traditionnelles !
- Machine à laver : voir notre conseil plus haut dans le paragraphe sur l'électricité.
- Lave-vaisselle : bien sûr, on trouvera toujours des personnes pour dire qu'ils font la vaisselle dans un dé à coudre ! En attendant, mon lave-vaisselle consomme 14 litres d'eau en mode éco pour laver la vaisselle de

7. http://www.activeau.fr/consommation-eau-menage.htm

toute la journée, y compris les poêles et les casseroles : savez-vous faire la vaisselle (lavage et rinçage) de trois repas avec 15 litres d'eau ? On a tendance à largement sous-estimer le volume d'eau que l'on utilise : faites le test en mesurant les volumes sur une journée ! Et puis, la plupart des gens ont horreur de voir s'accumuler la vaisselle et font donc la vaisselle après chaque repas, voire au fur et à mesure : or, on consomme plus d'eau en faisant plusieurs petites sessions qu'une grosse.

- La toilette : une douche intégrale quotidienne est-elle réellement utile ou souhaitable du point de vue de la santé de la peau ? Peut-être, à terme, arriverez-vous à remplacer certaines douches par des toilettes de chat, au lavabo avec un gant ? Si vous n'en êtes pas encore là, préférez les douches aux bains et utilisez un sablier pour ne pas vous y éterniser.

Herveline

« Personnellement, j'ai eu énormément de mal à introduire cette habitude dans mon quotidien, j'avais de très nombreux *a priori* à ce sujet. Mais oui, en fait, on est tout aussi propre ! »

Enfin, le passage au no-poo (présenté au jour 10 !) permet de réduire le nombre de shampooings : encore de l'eau économisée !

- Installer des écomousseurs sur les robinets.
- Bien sûr, fermer le robinet pendant le brossage des dents ou le lavage des mains.
- Réduire la fréquence du lavage des voitures ! Et souvenez-vous, que vous le fassiez chez vous ou dans une station, c'est toujours de *votre* empreinte qu'il s'agit !

Le défi « Familles à énergie positive »

Je vous ai convaincu de miser sur les économies d'énergie plutôt que sur la seule recherche du tarif le plus avantageux, mais vous ne savez pas par où commencer ?

Un conseil, rejoignez le défi « Familles à énergie positive », extrêmement stimulant et riche en apprentissages. Le principe ? Des familles se regroupent en équipes, et celle qui enregistre le plus d'économies d'énergie par rapport aux relevés de l'année précédente remporte le défi ! Elles sont coachées par des professionnels, et le tout se déroule dans une ambiance conviviale.

C'est par ici : http://www.familles-a-energie-positive.fr/

Je passe à l'action !

✔ Mission 1 : J'adopte les produits d'entretien faits maison

Je mets en place trois alternatives durables parmi celles présentées pour l'entretien de la maison.

1. ....

2. ....

3. ....

Je m'accorde 1 point planète et 1 point économies pour chaque alternative mise en place.

Je colle ici mes points pour la mission 1 :

Collez ici 1 point **Planète**

Collez ici 1 point **Économies**

✔ Mission 2 : Je surveille ma consommation d'électricité

- Je note ici mon chiffre repère concernant la consommation électrique :

....

- Je note ici ma consommation de l'année écoulée :

. . . .

- Je mets en place trois écogestes parmi ceux présentés :

1. . . . .
2. . . . .
3. . . . .

Je m'accorde 1 point planète et 1 point économies pour chaque écogeste mis en place.

Je colle ici mes points pour la mission 2 :

Collez ici 1 point **Planète**

Collez ici 1 point **Économies**

✔ Mission 3 : Je surveille ma consommation d'eau

- Je note ici mon chiffre repère concernant la consommation d'eau :

. . . .

- Je note ici ma consommation de l'année écoulée :

. . . .

- Je mets en place trois écogestes parmi ceux présentés :

1. . . . .
2. . . . .
3. . . . .

Je m'accorde 1 point planète et 1 point économies pour chaque écogeste mis en place.

Je colle ici mes points pour la mission 3 :

Collez ici 1 point **Planète**

Collez ici 1 point **Économies**

J'ARRÊTE DE SURCONSOMMER !

JOUR 14
Mes loisirs et mes vacances

Les loisirs et les vacances sont devenus en quelques années de véritables objets de consommation, et donc, potentiellement, de surconsommation. Combien de familles voit-on aujourd'hui s'endetter ou tout simplement se priver de l'essentiel pour pouvoir se payer de coûteuses vacances ? Quelle est la raison de cet essor ?

Si le besoin de décompresser d'une vie parfois stressante peut tout à fait s'entendre, se ressourcer de manière qualitative passe-t-il forcément par le fait de dépenser beaucoup d'argent ? Et lorsqu'on aspire à une vie simple et avec le moins d'empreinte possible sur notre environnement, peut-on passer d'agréables moments sans faire d'entorse à notre éthique de vie ?

Essayons de détailler tout cela et de trouver des alternatives !

Les loisirs

Posons un schéma classique : un papa, une maman travaillant tous les deux à temps plein, et leurs deux enfants. Lorsque le week-end arrive, après avoir travaillé toute la semaine et enchaîné les devoirs, les activités des enfants, les leurs peut-être, les repas, l'entretien de la maison, le linge, l'administratif et autres joyeusetés du quotidien, ils ont envie de se reposer, mais aussi de passer de bons moments avec leurs enfants qu'ils ont peu vus pendant la semaine.

La tentation est grande de se dire que, vu le temps qu'ils passent au travail, ils ont bien mérité de faire plaisir à leur famille en s'offrant une entrée dans un parc d'attractions ou une sortie au restaurant. Certaines personnes ont la sensation de ne travailler que pour payer leurs factures et qu'il ne leur reste que peu d'argent pour en profiter.

Arrêtons-nous sur ce terme quelques instants.

Profiter.

Profiter de quoi exactement ? De la vie ? De faire des choses qui nous tiennent vraiment à cœur ? Des personnes qui nous entourent : nos enfants, notre famille, nos amis ? *Profiter* passe-t-il donc forcément par un acte d'achat ?

Selon le dictionnaire Larousse, un loisir est un « temps libre dont on dispose en dehors des occupations imposées, obligatoires, et qu'on peut utiliser à son gré : profiter de ses loisirs pour se cultiver. Distractions, amusements auxquels on se livre pendant ses moments de liberté [...] ».

La notion de loisir est donc davantage liée à une question de temps qu'à une question d'achats. Il s'agit d'une parenthèse hors du temps des obligations (travail, scolarité, etc.). Finalement, on peut même aller jusqu'à dire que les loisirs sont une sorte de rupture agréable dans la routine du quotidien.

Il y a mille et une façons de profiter de nos temps de loisirs sans dépenser énormément d'argent, tout en respectant nos convictions écologiques et éthiques. Il s'agit de se déconditionner suffisamment de l'idée qu'un loisir passe forcément par un achat pour que nos actes prennent naturellement une autre direction.

Passons en revue quelques loisirs gratuits ou presque, et qui vous ressourceront autant que si vous aviez dépensé des fortunes.

La lecture

Pensez à vous abonner à une bibliothèque, mais aussi aux achats de livres en vide-greniers ou à des particuliers. Organisez un réseau parmi vos connaissances qui ont les mêmes goûts que vous, et faites voyager les livres !

Marie

« Personnellement, quand je vois la quantité de livres que j'ingurgite, si je devais tous les acheter neufs, je devrais certainement choisir entre lire et manger ! »

Les jeux

Les chambres de nos enfants débordent littéralement de jeux et de jouets ! Rassurez-vous, on a les mêmes à la maison ! Désencombrer une chambre d'enfant, c'est un peu comme le mythe de Sisyphe : on a à peine terminé qu'il faut recommencer. Pourquoi ne pas prendre un abonnement à une ludothèque ? Cela vous permettrait d'avoir chaque semaine un nouveau jeu, puis de le ramener pour en essayer un autre. C'est une alternative économique qui habituera également vos enfants au fait que l'on peut profiter d'un objet sans forcément le posséder.

Les sorties gratuites

Savez-vous que vos enfants seront heureux du simple fait que vous passez un bon moment avec eux, peu importe son prix ?

Une licorne de notre groupe a fait le test avec son enfant de 4 ans : elle lui a demandé de faire une liste de tout ce qu'il aimerait faire pendant les vacances. Quelle ne fut pas sa surprise de constater qu'il avait pensé à plein de sorties gratuites : pique-niques, promenades, rendre visite à des membres de la famille, etc. ! C'était édifiant !

Pensez également au geocaching, qui est une chasse au trésor interactive, et soyez créatif : organisez des promenades thématiques avec création d'un herbier, photographies de différentes fleurs, parcours sportif, journée à thème...

La culture gratuite ou à moindre coût

Chaque région regorge de trésors culturels à découvrir !

Noël ou les grandes vacances sont souvent des périodes où des événements gratuits sont organisés : patinoire provisoire, expositions, visites à moindre prix... Vous ne soupçonnez sans doute pas tout ce qui se passe près de chez vous !

Si vous souhaitez vous cultiver gratuitement, pensez aux Noobs, qui sont de véritables formations gratuites en ligne. Énormément de thèmes sont abordés, il y en a forcément un qui vous intéressera !

Marie

« Au début des vacances, j'ai le réflexe de regarder les sites des offices de tourisme, et je trouve toujours des sorties intéressantes à planifier. »

Les loisirs créatifs à base de « récup' »

Si vous êtes plutôt manuel, une infinité de créations s'offrent à vous ! Vous pouvez faire des merveilles, gratuitement ou à très faible coût, avec des objets que vous auriez jetés : bouteilles, rouleaux de papier toilette, boîtes en cartons, etc. ! Mon fils adore les origamis, il les fait avec du papier de récup' en regardant des vidéos sur Internet.

Plusieurs sites Internet vous inspireront comme :

- www.teteamodeler.com ;
- www.espritcabane.com ;
- www.maison.com ;
- ... et bien d'autres !

Marie : J'ai organisé un après-midi spa pour mon fils !

« Il est parfois difficile d'occuper nos enfants à moindre coût à la mauvaise saison, lorsque le temps ne nous permet pas de dire : "Tout le monde dehors !"
Pendant des vacances d'hiver, j'ai organisé un après-midi "comme au spa" pour mon fils de 8 ans !
Nous avons commencé ce temps de détente par un exercice de relaxation : demandez à votre enfant de s'allonger sur le dos confortablement et de fermer les yeux. Il doit ensuite faire trois grandes respirations par le ventre. Demandez-lui de contracter ses jambes pendant trois secondes puis de les relâcher, puis de faire de même avec son ventre et ses bras. Il terminera par trois autres grandes respirations.
Une fois cela fait, place au massage du cuir chevelu. Je n'ai utilisé aucun produit pour cela. Pendant quinze minutes, je lui ai massé la tête et le visage : il a failli s'endormir !
Après, nous avons enchaîné sur un massage du dos : vous pouvez utiliser une huile douce comme une huile d'amande douce, ou une huile d'abricot.

.../...

Vous pouvez terminer cette séance par un bon bain chaud et la dégustation d'une infusion !
Détente assurée ! »

Vous l'aurez compris, les possibilités de loisirs gratuits ou presque sont infinies : le principal est de passer un bon moment, seul ou avec des gens que l'on aime. Même les choses les plus simples peuvent être source de plaisir et de détente : prendre le temps de cuisiner un bon petit plat, se chouchouter dans la salle de bains avec des produits naturels…

Les vacances

Beaucoup de personnes attendent leurs vacances avec impatience, mais là encore, nul besoin de se ruiner pour passer de bons moments. Vouloir découvrir de nouveaux endroits ou profiter des ressources naturelles et culturelles d'autres régions, faire de nouvelles rencontres est tout à fait compréhensible !

Plusieurs solutions s'offrent à vous pour passer des vacances éthiques, écologiques et à moindre coût :

L'échange de maisons

Dans une optique d'échange, d'entraide et de réduction du prix des vacances, l'échange de maisons est une pratique intéressante. Plusieurs sites très actifs vous permettent désormais de le faire de manière encadrée :

- www.guesttoguest.com ;
- www.trocmaison.com ;
- www.echangedemaison.com ;
- … et bien d'autres encore ! Il faut souvent s'acquitter d'un abonnement annuel, mais qui peut être vite rentabilisé.

Le wwoofing

Il s'agit d'un échange entre un fermier qui pratique une agriculture biologique ou de l'écoconstruction et un particulier qui, en échange du gîte et du couvert, est prêt à donner un peu de son temps pour l'aider sur son exploitation. Si cette option vous intéresse, vous trouverez plus d'informations en vous rendant sur www.wwoof.fr !

Le couchsurfing

En vous inscrivant sur des sites tels que www.couchsurfing.com ou www.hospitalityclub.org, vous aurez accès à tout un réseau de personnes qui peuvent vous recevoir gratuitement chez elles. L'échange et le respect des hôtes sont évidemment de mise !

Les vacances à la ferme

Le site www.bienvenue-a-la-ferme.com vous permettra de louer un gîte ou une chambre d'hôtes dans une ferme et de soutenir ainsi un agriculteur et sa famille plutôt qu'un grand groupe de locations de vacances !

Zoos, cirques et aquariums

Les visites de zoos, de cirques ou d'aquariums sont des sorties familiales très fréquentes pendant les vacances. Très prisées des enfants, qui naturellement aiment le contact avec les animaux.

Nous pensons sincèrement qu'il est primordial de sensibiliser les enfants aux conditions de vie des animaux dans ces structures.

Aucun animal ne mérite d'être enfermé, privé de son milieu naturel, ni même de naître en captivité. Les animaux ne sont pas des objets que nous venons admirer comme des tableaux dans un musée. S'il s'agit de préserver une espèce, cela peut se faire (et cela marche d'autant mieux !) dans son milieu naturel. Mais, le plus souvent, ces animaux ne font pas l'objet d'une préservation, ils sont seulement déracinés et déplacés sous des latitudes où ils ne vivent pas habituellement pour le plus grand plaisir des êtres humains qui y habitent.

De plus, et particulièrement dans les cirques, ils sont souvent soumis à des maltraitances afin d'être dressés pour réaliser des numéros, et ce toujours pour nous divertir.

N'ayez pas peur de la réaction des enfants si vous choisissez de leur dévoiler l'envers du décor. Une simple question leur permet souvent d'ouvrir les yeux : « Est-ce que tu aimerais, toi-même, être enfermé dans une cage toute ta vie sans contact avec d'autres personnes comme toi ? » Éduquer les enfants à respecter tous les êtres vivants semble être une piste potentielle pour construire une société humaine plus équitable.

De mon côté, mon fils est même fier de dire à ses copains que non, il n'ira pas au cirque car les animaux y sont tristes ou maltraités. Cela ne nous empêche pas de faire d'autres sorties tout aussi intéressantes et divertissantes, mais dans le respect de tous les êtres vivants.

Quel budget pour les vacances ?

J'ARRÊTE DE SURCONSOMMER !

Les vacances ne doivent pas être l'occasion d'une orgie de dépenses inconsidérées : elles doivent s'adapter aux moyens de chacun et ne pas mettre en péril le budget global. Or, la surconsommation liée aux vacances est souvent la conséquence d'un budget mal anticipé.

Au tout début de ce livre, nous vous avons expliqué comment construire votre budget. Normalement, si vous avez tout bien suivi, vous avez dû inclure chaque mois le prorata du montant annuel dédié aux vacances, afin de vous faire plaisir, mais dans le cadre d'un budget préalablement défini. Attention à bien tout prendre en compte pour ne pas avoir de mauvaise surprise : le transport, l'hébergement, mais également les déplacements sur votre lieu de vacances, l'alimentation, les visites et sorties ainsi que les extras. Un système d'enveloppes peut être une bonne solution pour contenir le budget « sorties et extras ». Il peut même être divisé en semaines !

Je passe à l'action !

✔ Mission 1 : J'établis mon budget loisirs/vacances

Les vacances peuvent être le moment d'être en accord avec ma volonté de ne pas surconsommer : j'établis mon budget loisirs/vacances.

Je m'accorde 1 point économies.

Je colle ici mes points pour la mission 1 :

Collez ici
1 point
Économies

✔ Mission 2 : J'organise des activités gratuites pendant mes prochaines vacances

Un loisir ne doit pas forcément être payant pour me détendre et me permettre de passer un bon moment ! J'organise des activités gratuites pendant mes prochaines vacances en m'inspirant de la liste suivante : bibliothèque, ludothèque, pique-nique, randonnée, visite à mon office de tourisme.

Je m'accorde 1 point planète et 1 point économies par activité gratuite.

Je colle ici mes points pour la mission 2 :

✔ Mission 3 : J'utilise une des alternatives écologiques et éthiques citées plus haut pour mes prochaines vacances

Je m'accorde 2 points planète et 2 points éthique si je réalise cette mission.

Je colle ici mes points pour la mission 3 :

STOP PROMO
-50%
2 pour le prix d'1
?!!!

SEMAINE 3

Je me lance dans la Green conquête du monde !

Après vous avoir situé par rapport à la problématique de la consommation et présenté les alternatives décroissantes aux objets jetables du quotidien, cette troisième partie va vous amener à consolider votre désir d'évoluer, pour que ce changement ne soit pas éphémère comme la lecture d'un ouvrage, mais s'enracine en vous tel un arbre centenaire ! Notre expérience bénévole nous montre en effet chaque jour à quel point en rester à la collecte de *trucs et astuces* est insuffisant pour changer durablement de mode de consommation.

Ancrer durablement des habitudes passe par trois leviers principaux :

- introduire les changements de manière progressive : mettre en œuvre une nouvelle habitude mobilise davantage de ressources cognitives… lors de ses 21 premières répétitions ! C'est pourquoi certaines méthodes préconisent de n'introduire les habitudes nouvelles qu'une par une, tous les 21 jours ;
- être convaincu du bien-fondé de ces nouvelles habitudes, cela permet d'avancer malgré les difficultés et les doutes ;
- comprendre le dessous des cartes, afin d'agir en pleine conscience.

Témoignage de Marina

« En cherchant des groupes d'aide de gestion du budget sur Facebook, je suis entrée au pays des licornes. Même si j'ai un grand chemin à parcourir avant d'espérer devenir une licorne, certaines de mes habitudes quotidiennes ont changé : une alimentation plus locale, avec un peu plus de bio et moins de viande, un placard de salle de bains qui diminue (bonjour Mooncup®, serviettes lavables, savon de Marseille et shampooing solide), et une vraie réflexion (et action) sur la réduction de nos déchets. J'ai appris une chose primordiale : quand on veut changer le monde, on peut y arriver. Et ça, c'est un sacré exemple, qui m'inspire énormément. Parfois, on nous demande "qui est ton modèle ?". Eh bien, moi, mes modèles sont Herveline et Marie pour leur capacité à rassembler et à montrer le chemin, sans jugement et avec bienveillance. »

Témoignage sur le blog L'accro du budget

Un quatrième levier s'est révélé particulièrement puissant dans ce processus de changement de consommation : la prise en considération de l'autre et de son droit au bien-être et au bonheur. Car lorsqu'on galère pour assurer la survie, le bien-être et le bonheur de ses proches, on a souvent l'impression de ne pas avoir d'autre choix que de reléguer ces considérations humanistes au second plan.

Or, dans notre groupe Facebook, nous menons une expérience singulière : les échanges doivent se faire avec *bienveillance*. Cela signifie donner son avis en veillant à formuler sa réponse de telle manière que la personne ne se sente ni jugée ni blessée : en d'autres termes, en traitant cet autre que l'on ne connaît pas comme si c'était quelqu'un de cher à notre cœur. L'équipe d'administration est particulièrement vigilante au respect de cette règle, qui est d'ailleurs devenue pour les membres aussi importante que l'orientation écologique et minimaliste du groupe.

Nous avons constaté que cette règle facilite énormément la prise en compte de l'autre dans les processus de consommation, comme si s'obliger à prendre en compte le bien-être de l'autre, avec lequel nous sommes en contact réel ou virtuel, préparait notre cerveau à prendre en compte le bien-être de l'autre jusque dans sa dimension la plus abstraite — le travailleur à l'autre bout de la planète exploité pour nos jeans à 25 €, le travailleur clandestin réduit en esclavage pour nos tomates d'hiver.

Ainsi, au-delà de l'équilibre financier du foyer, les licornes découvrent qu'elles ont une influence sur un tout autre équilibre qui dépasse leur individualité. Une question nouvelle émerge alors : notre liberté moderne de consommer comme on l'entend peut-elle s'exprimer au détriment de la santé et de la vie d'autres êtres vivants, même inconnus ?

C'est précisément lorsque cette question émerge que le changement s'ancre irréversiblement. Toutes les licornes le disent : elles sortent grandies de cette expérience, avec l'envie de semer des petites graines parce que cette ouverture sur l'autre est une source incroyable de bien-être, et que ce bien-être, on a envie de le faire partager.

C'est ce cheminement que nous vous proposons de suivre pendant cette troisième semaine en notre compagnie ! Êtes-vous prêt à vous lancer dans la green (re)conquête du monde ?

J'ARRÊTE DE SURCONSOMMER !

JOUR 15

Je prends conscience que ma consommation a un impact sur l'environnement

Quelques données de base !

Savez-vous…

- Qu'en France, « il faut environ 8 250 L d'eau pour produire la nourriture quotidienne d'un omnivore, 3 600 L pour produire celle d'un végétalien »[1] ?
- Que l'élevage libère dans l'eau des nitrates et du phosphore, responsables de la prolifération des algues vertes[2] ?
- Qu'il libère également de l'ammoniac[3] : 80 % de l'ammoniac est générée par l'élevage, et la France en est l'un des plus grands producteurs. Cet ammoniac est responsable de l'augmentation de l'acidité de la pluie, perturbant l'écosystème des sols et les appauvrissant de leurs éléments nutritifs. Ces sols donnent alors des fruits et légumes eux-mêmes pauvres en éléments nutritifs *(vous savez, l'histoire de la pomme des années 1950 qui équivaut à 100 pommes d'aujourd'hui !*[4]*)* ?
- Que pour l'agriculture conventionnelle, un sol pauvre implique l'augmentation de l'utilisation des engrais et des pesticides pour pouvoir y

1. http://www.viande.info/elevage-viande-ressources-eau-pollution
2. Martin C., « Bretagne : ce rapport confidentiel sur les algues vertes qui accable les agriculteurs », Lepoint.fr, 21 octobre 2009 (http://www.lepoint.fr/actualites-societe/2009-10-21/bretagne-ce-rapport-confidentiel-sur-les-algues-vertes-qui/920/0/387492).
3. Portejoie S., Martinez J., Landmann G., « L'ammoniac d'origine agricole : impacts sur la santé humaine et animale et sur le milieu naturel », Inra Productions animales, 2002, 15 (3), 151-160 (https://www6.inra.fr/productions-animales/2002-Volume-15/Numero-3-2002/L-ammoniac-d-origine-agricole).
4. http://www.terraeco.net/Pourquoi-une-pomme-des-annees-1950,58246.html.

installer des cultures ? C'est pourtant un cercle vicieux car l'utilisation de ces produits accélère l'appauvrissement du sol en éradiquant sa biodiversité, c'est-à-dire en tuant les insectes et animaux permettant le renouvellement des nutriments dans le sol.

- Que l'utilisation des produits phytosanitaires, dont la France est encore à l'heure actuelle parmi les plus gros consommateurs, est responsable d'une pollution de l'eau, de la complexification de son retraitement et donc, de l'augmentation de son prix ?
- Que cette pollution est elle-même responsable de la disparition de millions d'espèces aquatiques et d'insectes contribuant à l'équilibre de l'écosystème nécessaire à la survie humaine ?

Mais *la* bonne nouvelle, c'est que si chacun d'entre nous contribue à cette situation en participant à la surconsommation moderne… cela veut dire que chacun de nous a un poids pour inverser la tendance !

Les ressources planétaires

La production des biens de consommation, des emballages, des sacs, et le retraitement des déchets mobilisent d'énormes quantités de ressources naturelles, qui ne sont pas infinies.

- ✔ **Les ressources non renouvelables sont celles pour lesquelles le stock baisse inexorablement au fur et à mesure de leur utilisation : elles ne se régénèrent pas, ou pas sur un temps suffisamment court à l'échelle de l'humanité. L'exemple le plus connu est le pétrole, pour lequel, pour de nombreuses zones, le pic de production est a été dépassé dans les années 2010. La vitesse de déclin de nos réserves dépendra désormais de la demande.**

Et si on décidait de réduire notre consommation d'objets issus de la pétro-industrie afin de maximiser le temps séparant le pic de la pénurie réelle ?

- ✔ **Les ressources renouvelables sont les ressources qui se reconstituent, comme la nourriture végétale, l'eau, le vent, l'énergie solaire ou le bois.**

Cependant, la surconsommation humaine entraîne une exploitation supérieure au taux de régénération, ce qui entraîne leur épuisement. L'excédent puise dans les réserves planétaires de manière irréversible.

L'ONG canadienne Global Footprint Network calcule chaque année le jour du dépassement, c'est-à-dire la date théorique à laquelle les ressources renouvelables ont été consommées pour l'année en cours. Pour l'année 2016, c'était le 8 août, alors qu'en 1980, elle se situait au 3 novembre.

J'ARRÊTE DE SURCONSOMMER !

Réduction des déchets et réchauffement climatique

« Réduisons vite nos déchets, ça déborde ! » Ce slogan, lancé par le ministère de l'Écologie et du Développement durable et l'Ademe, nous l'entendons *via* les médias depuis 2005. Si cette campagne est rediffusée et modernisée régulièrement, elle est surtout enfouie parmi des publicités pour la charcuterie, les produits cosmétiques ou les jouets. Noyée au milieu d'un dispositif conçu précisément pour inciter fortement à la surconsommation de produits industriels suremballés, elle devient tellement paradoxale qu'il n'est pas surprenant que onze ans après sa première diffusion, non seulement ça déborde encore, mais ça déborde toujours plus !

Entre les émanations de méthane issues des décharges, les émissions de gaz à effet de serre liées à la fabrication des futurs déchets, leur transport, leur incinération, les gaspillages de toutes sortes, il apparaît vite évident que réduire ses déchets est un moyen non négligeable de lutter contre le réchauffement climatique, et ce combat — ce sont les rapports successifs du Giec qui le disent depuis 2012 — doit avoir lieu maintenant, pour que nos enfants n'aient pas à traiter les problèmes que leurs parents n'auront pas su gérer.

Témoignage d'Audrey

« Licorne depuis cinq mois... Cinq mois que ma vie évolue au rythme des licornes. Cinq mois que j'ai entraîné mes trois enfants et mon mari dans cette aventure de licornes ! Cinq mois que mon budget courses fond comme neige au soleil ! Mon alimentation change et devient bio. La baguette magique de Rose est à ma table quasiment tous les jours, les mousses au chocolat au jus de pois chiches régalent ma famille. Les bocaux, les lingettes lavables, les tawashis et les produits faits maison ont fait leur apparition dans mon quotidien.

Grâce à des petits trucs dégotés chez les licornes, je gère mon budget encore plus sereinement qu'avant, malgré de faibles revenus : je suis en congé parental et mon conjoint est au Smic.

Mais au-delà de ça, ce groupe me redonne confiance en moi, en la nature humaine, me permet de devenir de plus en plus bienveillante. Je n'ai plus peur de mettre en avant la cause que je défends ! Malgré les critiques, les moqueries, je continue de semer mes petites graines qui, je l'espère, feront un jour changer les mentalités et permettront aux générations futures de vivre en harmonie avec notre jolie Terre ! »

Témoignage sur le blog Cheap but Chic

Mais que vient faire le consommateur dans la problématique du retraitement des déchets ?

Eh bien oui, le consommateur consomme, mais s'il trie correctement ses déchets, leur prise en charge et leur traitement concerneraient plutôt les communautés de communes, non ? Détrompez-vous !

Peut-être pensez-vous :

- que les décharges ont presque totalement disparu au profit des incinérateurs ?
- qu'en conséquence, le bac de tri est recyclé, et la poubelle OMR (ordures ménagères résiduelles), incinérée ?
- que les incinérateurs servent à chauffer les habitations et que donc, leur bilan écologique est moins mauvais que celui des décharges ?
- que puisque vous ne jetez pas vos ordures dans la nature, ni par la fenêtre de votre voiture, ni dans la mer, et triez correctement, vous êtes dépourvu de toute responsabilité dans la question de la pollution environnementale liée aux déchets sauvages ?

Vous allez découvrir que la réalité n'est pas aussi propre et nette… et que — bonne nouvelle ! — vous pouvez agir concrètement sur cette question !

Les aléas de l'enfouissement

Il existe 250 décharges[5] dédiées au traitement des ordures ménagères. De ces décharges, malgré l'apparition de normes contraignantes depuis 1997,

5. http://cniid.fr/Les-differents-types-de-decharges,19

les déchets légers (comme les sacs plastiques) s'envolent, s'échappent, polluent la nature, atterrissent dans les cours d'eau, puis dans la mer.

Par ailleurs, selon l'association Zero Waste France[6] (ex-Centre national d'information indépendante sur les déchets – CNIID), la décomposition des déchets mélangés :

- pollue le sol[7]. Elle produit un liquide chargé en substances nocives pénétrant dans le sol, même quand les décharges sont équipées de membranes de protection ;
- pollue l'air. Elle produit du méthane, pour lequel les systèmes de captation ne sont que partiellement efficaces. Les fumées issues du brûlage de ce gaz sont chargées en polluants de toutes sortes, et en particulier en métaux lourds.

Le paradoxe des incinérateurs

Présentés comme l'alternative aux décharges, les 127 incinérateurs comptabilisés en 2011 posent tout de même des problèmes environnementaux indéniables[8].

En effet, lorsque les déchets mélangés sont incinérés, les matières nocives se retrouvent dans l'air par le biais des fumées toxiques, mais aussi dans les cendres, qui présentent des taux de toxicité élevés et sont néanmoins utilisées comme matériaux de construction de nos routes[9] : les substances nocives ruissellent ensuite dans le sol *via* l'eau de pluie.

Par ailleurs, les incinérateurs libèrent des quantités importantes de CO_2, gaz à effet de serre avéré.

Les gouvernements successifs ont mis en place des mesures financières et fiscales pour favoriser le développement des incinérateurs[10]. Mais leur coût et leur durée d'amortissement rendent ce choix presque irréversible. Or, cela a des conséquences sur la politique environnementale locale : pour être rentables, les incinérateurs doivent tourner à plein régime et enfourner le tonnage de déchets pour lesquels ils ont été calibrés. Une

6. https ://www.zerowastefrance.org/fr
7. http://cniid.fr/Les-risques-sanitaires-et-environnementaux,18
8. http://cniid.fr/Les-risques-environnementaux-et-sanitaires,16
9. Célia Fontaine, « Vers une nouvelle réglementation pour les mâchefers », Journaldel'environnement.fr, 17 août 2011 (http://www.journaldelenvironnement.net/article/vers-une-nouvelle-reglementation-pour-les-machefers,24559).
10. http://cniid.org/Le-choix-politique-et-industriel-de-l,15

politique de diminution des déchets peut donc rapidement devenir contraire aux intérêts financiers des communautés de communes, ce qui freine la mise en place de mesures incitatives concrètes, le développement des filières de recyclage ou encore l'essor de réseaux de valorisation des déchets organiques.

Pourtant, grâce à l'« autopsie » de nos poubelles réalisée au jour 8, nous savons que 75 % de ces déchets ne devraient pas contribuer à la pollution environnementale découlant du traitement de nos ordures ménagères résiduelles, puisque les plastiques non triés ou non collectés faute de filière de recyclage constituent de 45 à 50 % des ordures ménagères récoltées, et les déchets organiques compostables, 30 % !

Et maintenant, je fais quoi ?

Vous pouvez cesser d'alimenter ces structures d'enfouissement ou d'incinération :

- en mettant en place un compost ! Il est possible de composter, même en ville, même en appartement, au moyen de composteurs de cuisine ou de balcon. Divers types de composteurs existent, et il est même possible d'apporter ses déchets organiques chez un ami, un voisin ou de la famille qui possède un composteur ;
- en appelant l'organisme qui gère le tri dans votre agglomération afin de savoir exactement quel type de plastique est recyclé, et en concentrant vos efforts de réduction sur les déchets recyclables mais non valorisés dans votre communauté de communes. *Et puis, le déchet le moins polluant est celui que l'on ne produit pas !* ;
- en veillant à ne pas se laisser donner bonne conscience par du *greenwashing*. Un objet biodégradable n'a aucun sens s'il part à l'incinérateur en bout de chaîne !

Vous pouvez également sensibiliser à chaque petite occasion. En voici quelques exemples non exhaustifs.

- Fournir aux enfants un repas sans emballage lors d'une sortie scolaire : une fois qu'ils seront habitués à cette nouvelle manière de fonctionner, cela ne leur posera aucun problème. Il existe des lunch-boxes et des gourdes pour enfant très pratiques et très rigolotes !

- Expliquer simplement et sans jugement votre mode de fonctionnement quand la situation l'exige.
- Proposer un atelier dans les centres de loisirs à destination des animateurs pour qu'ils puissent ensuite sensibiliser les enfants. trois heures de votre temps, sur une année, peuvent suffire pour semer des petites graines dans des dizaines de petites têtes, pensez-y !
- Organiser une réunion de copropriété pour installer un composteur collectif, mais aussi inviter vos voisins à utiliser votre propre composteur si vous en possédez un !
- Participer aux défis locaux du type « Familles à énergie positive » et inciter de manière ludique votre famille et vos amis à vous y rejoindre pour former une équipe !

Herveline

« La maîtresse de CP de mon fils s'est montrée très curieuse de notre fonctionnement et, du coup, les autres enfants également ; aucune moquerie, puisque c'est toujours notre crainte en tant que parents, n'a été à déplorer.

Je prends toujours la peine de l'expliquer surtout lorsque cela implique mes enfants, afin qu'ils ne se heurtent pas à des réactions de surprise tant qu'ils ne sont pas à même de décider si les choix que nous opérons pour eux leur conviennent ni de les argumenter seuls. »

Je passe à l'action !

✔ Mission 1 : Je trie plus efficacement mes déchets

Je réorganise mes poubelles pour trier plus efficacement : je mets les deux poubelles côte à côte (le tri est mieux fait quand elles se trouvent à proximité, surtout lorsque le déchet est composé d'une partie recyclable et d'une autre non recyclable). J'en profite pour réduire la taille de ma poubelle : plus elle contient, plus on la remplit !

Je m'accorde 1 point planète si je mets en pratique ce conseil.

Je colle ici mes points pour la mission 1 :

Collez ici
1 point
Planète

✔ Mission 2 : Je mets en place le compostage de mes déchets

Je crée mon propre compost et je propose à mes voisins de l'utiliser, ou je trouve un lieu pour déposer mon compost.

Je m'accorde 1 point planète si je mets en place ce conseil.

Je colle ici mes points pour la mission 2 :

Collez ici
1 point
Planète

✔ Mission 3 : Je me renseigne sur la politique de tri de mon agglomération afin de trier plus efficacement

Je m'octroie 1 point planète si je mets en place ce conseil.

Je colle ici mes points pour la mission 3 :

Collez ici
1 point
Planète

✔ Mission 4 : Je débarrasse la nature de ses déchets

Je propose une balade en famille en pleine nature pour ramasser les déchets. Une fois rentré, je les trie et recycle ce qui peut l'être.

Je m'attribue 1 point planète si je mets en place ce conseil.

Je colle ici mes points pour la mission 4 :

Collez ici
1 point
Planète

J'ARRÊTE DE SURCONSOMMER !

✔ Mission 5 : J'organise une action de sensibilisation locale et/ou familiale

Si cette action est réalisée, je m'accorde 3 points planète et 1 point éthique.

Je colle ici mes points pour la mission 5 :

JOUR 16

Je prends conscience que la manière dont je consomme a des conséquences sur des êtres humains et des animaux

Lorsque l'on s'engage sur la voie d'un changement de consommation, deux motivations principales reviennent le plus souvent :

- l'impact sur la nature ;
- l'impact sur la santé.

Marie

« À l'époque de la naissance de mon fils, je me trouvais dans un schéma de consommation on ne peut plus classique (nourriture industrielle, cosmétiques chimiques, etc.). Jamais je n'aurais pensé que notre manière de consommer pouvait avoir un impact sur la planète, et encore moins sur ses habitants ! À vrai dire, je ne me posais même pas la question ! Dorénavant, je me préoccupe particulièrement de l'impact de ce que j'achète sur les conditions de vie *(et de mort !)* des animaux humains et non humains. »

Du côté des humains

Là encore, notre consommation a un impact très concret sur la vie de millions de personnes.

Près de nous

Les supermarchés étranglent les producteurs locaux en leur achetant leurs produits à un prix toujours plus bas, et ce dans le seul but de gonfler leur marge ! Pour suivre la cadence et tenter de vivre de leur métier, les producteurs conventionnels se sentent contraints de mécaniser toujours plus et d'utiliser toujours plus d'engrais et de pesticides qui nuisent à leur santé[11], à celle de leur famille et des riverains (sans parler, en bout de chaîne, des consommateurs !) : c'est un drame de santé publique qui se déroule silencieusement et qui est financé par l'argent de nos courses hebdomadaires.

Marie

« Je me souviens d'un petit reportage il y a quelques années, où l'on voyait un producteur de poires français pleurer en arrachant ses arbres fruitiers. Il ne pouvait plus vivre de son activité, car il devait vendre ses poires à perte aux supermarchés. La concurrence avec les poires étrangères était trop rude, il ne pouvait pas rivaliser. Nous sommes dans une situation où des poires poussent à un kilomètre de chez nous, mais où celles du supermarché local viennent de milliers de kilomètres ! Personnellement, c'est ce reportage qui m'a ouvert les yeux et fait passer à la vente directe. »

---

11. Sylvain Lamure, « Cancers d'agriculteurs dans mon hôpital : un fantasme d'écolo ? » Rue89.nouvelobs.com, 8 novembre 2013 (http://rue89.nouvelobs.com/2013/11/08/cancers-dagriculteurs-hopital-fantasme-decolo-247064#!).
Pesticides : Effets sur la santé, Expertise collective, Les éditions Inserm, 2013 (http://www.inserm.fr/actualites/rubriques/actualites-societe/pesticides-effets-sur-la-sante-une-expertise-collective-de-l-inserm).

Posons-nous cette question lorsque nous achetons nos fruits et légumes : qui souhaitons-nous financer avec notre argent ? Plus les consommateurs se tourneront vers les produits respectueux, plus les fermes qui les produisent pourront embaucher des personnes en reconversion !

Même si la vente directe est encore inégale selon les régions, il est aujourd'hui facile de trouver des producteurs locaux en faisant une petite recherche sur Internet. Tapez « producteurs locaux + votre département » dans votre moteur de recherche écologique préféré[12], et le tour est joué !

Oui, mais faire ses courses à plusieurs endroits prend plus de temps… Et mes journées ne font que 24 heures !

C'est sans compter la simplification de votre liste de courses opérée au jour 9, qui a pour effet de réduire énormément le temps passé dans les supermarchés ! Vous pouvez désormais mettre à profit ce temps libéré pour chercher vos fruits et légumes chaque semaine chez un producteur à deux pas de chez vous ! Cela peut devenir un véritable plaisir, et même l'occasion d'une sortie en famille !

Les Amap (Associations pour le maintien d'une agriculture paysanne) sont également une bonne alternative : vous pouvez commander un panier de fruits et légumes bio et locaux chaque semaine. Cela ne vous prendra que le temps d'aller récupérer votre panier. Certaines proposent même la livraison à domicile ! Rendez-vous sur le site www.reseau-amap.org pour trouver la plus proche de chez vous !

Plus loin de nous

Connaissez-vous le secret des légumes espagnols à si bas prix que nous vendent les supermarchés, ces prix qui leur servent de référence pour étrangler les producteurs français ?

Ils viennent pour la plupart des serres d'Almeria. Vu d'en haut, ça ressemble à une gigantesque mer de plastique qui recouvre 40 000 hectares — 400 km^2 ; un carré de 400 km par 400 km. C'est comme si vous partiez de Paris, et que, jusqu'à Lyon, vous ne rencontriez strictement rien d'autre que des serres et des bâches en plastique. Pas de forêts. Pas de nature. Pas de sol à l'air libre.

12. http://www.humanite-biodiversite.fr/article/choisir-un-moteur-de-recherche-ecologique-ou-ethique.

Ces serres d'Almeria sont le premier producteur de fruits et légumes des pays du Nord et particulièrement en saison froide : leur business réside dans notre volonté à manger ce qu'on veut, quand on veut.

Mais comment des fruits et légumes subissant 2 000 km de transport, avec le coût associé, peuvent être la référence des prix les plus bas du marché ? Bien au-delà des pesticides, engrais et herbicides qui arrosent les cultures, et dont on trouve régulièrement les traces sur les légumes, ce qui les rend si concurrentiels, c'est le « modèle social » : la majeure partie de la main-d'œuvre est composée de migrants clandestins, dont le statut illégal les rend corvéables à merci. Paiement partiel du salaire, insuffisance, voire absence d'une couverture sociale digne de ce nom, travail journalier sélectif et sur appel, irrespect de la personnalité, racisme ouvert, tracasseries multiples et répétées, sans parler des conditions de logement déplorables et trop souvent scandaleuses, auxquelles s'ajoutent les nombreux accidents de travail dus à l'utilisation inadéquate des produits phytosanitaires. Déjà, en 2007, un rapport tirait la sonnette d'alarme à propos des conditions de travail de ces êtres humains.

En France, le salaire est garanti : un travailleur, même au salaire minimum, coûtera forcément plus cher qu'un travailleur clandestin exploité, cela se répercutera inévitablement sur les coûts de production et donc, sur le prix final. S'aligner sur des prix très bas nécessite pour les producteurs français d'avoir recours à une forme d'exploitation beaucoup plus pernicieuse mais non moins réelle. En effet, pour pouvoir rembourser leurs emprunts, les agriculteurs doivent se soumettre à un rendement tel qu'ils ne voient plus le jour. Dans ce système, leur survie et celle de leur famille dépendent de leur autoexploitation.

Cette problématique, nous l'avons abordée au jour 10 avec l'extraction du mica par des enfants, ou au jour 11 pour les vêtements avec, entre autres, le travail des enfants ou la manipulation de produits toxiques sans aucune protection : dans de nombreux pays en voie de développement, nos produits du quotidien sont fabriqués sans aucune considération pour les « petites mains ».

Il faut produire toujours davantage et à moindre coût pour répondre à une demande pressante du consommateur qui considère de plus en plus ses objets du quotidien comme étant jetables : il *faut* changer de garde-robe tous les ans, il *faut* renouveler notre téléphone portable tous les

Qu'est-ce qui se joue derrière un simple objet de consommation ?

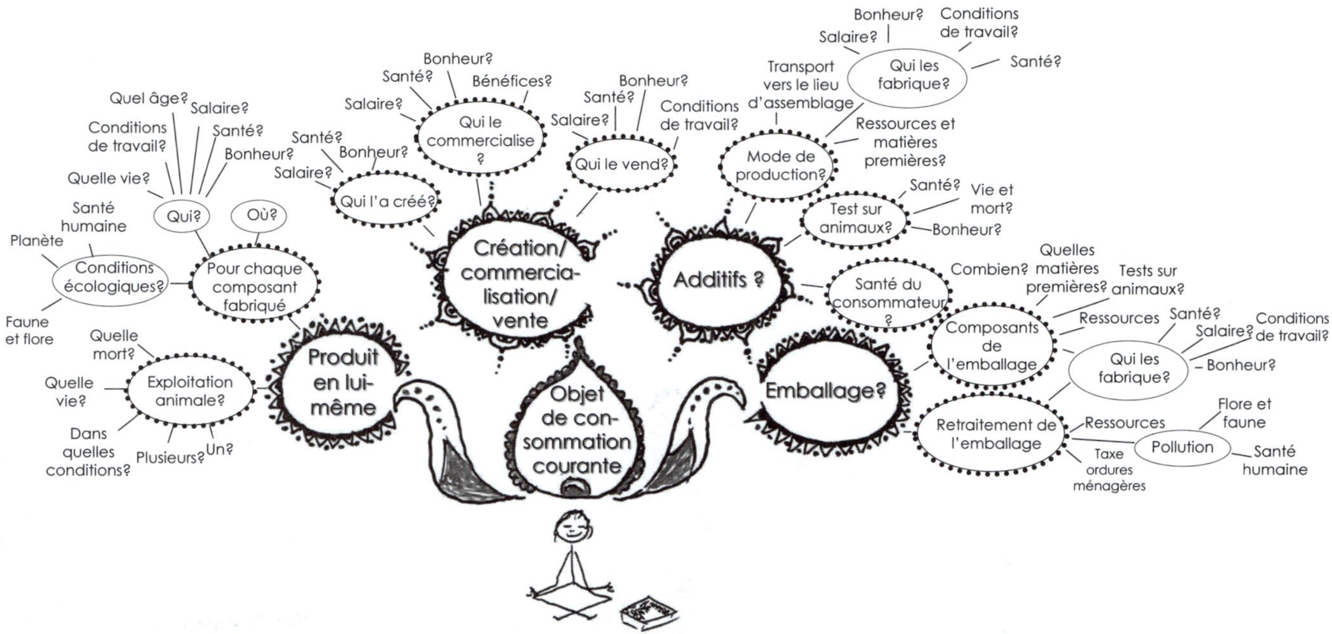

deux ans, il *faut* acheter toujours de nouveaux jouets pour les enfants, il est tout à fait normal de posséder des dizaines de fards à paupières différents *(ou pas !)*.

Salaires de misère, conditions de travail déplorables, travail des enfants, est-ce cela que nous voulons cautionner par nos achats ? Notre porte-monnaie peut être le moyen de financer ou non des modes de production et tout un système économique. Mais pour en arriver à se poser ce genre de questions, il faut se demander l'origine de chaque produit.

Faisons un petit test : levez la tête du livre et regardez les objets qui vous entourent. Où et par qui ont-ils été produits ? Pensez à toutes les personnes qui ont contribué au fait que vous puissiez porter cette chemise : qui a dû produire le tissu, le teindre, qui l'a découpé, assemblé, qui l'a conditionnée, transportée, qui l'a mise en rayon, qui l'a vendue ?

La deuxième partie de ce livre vous a proposé de nombreuses alternatives concrètes pour consommer plus *éthique* et plus *sain*, alors plus d'excuses !

Du côté des animaux

Ce sont souvent les conséquences de la surconsommation sur les animaux sauvages, telles que la destruction de leur habitat ou leur empoisonnement, ainsi que les tests — déjà abordés au jour 10 — qui viennent en premier lieu à l'esprit.

Mais il n'y a pas que ça ! Les animaux sont devenus de véritables objets de consommation, même si une récente loi a fait basculer leur statut de « meuble » à « être sensible ».

L'huile de palme

On trouve désormais de l'huile de palme dans de nombreux produits du quotidien, qu'ils soient alimentaires ou cosmétiques. L'huile de palme a ces avantages pour les industriels qu'elle est produite à bas prix et que sa texture est intéressante dans de nombreux produits (goût neutre, solide à température ambiante, etc.).

Seulement voilà, l'huile de palme n'est non seulement pas bonne pour votre santé (sa haute composition en acides gras saturés est un allié de poids du cholestérol), mais elle représente également une catastrophe écologique de par sa production.

Pour produire les tonnes d'huile de palme « nécessaires » au niveau mondial, des forêts entières sont détruites pour laisser la place libre à cette monoculture.

Cela affecte énormément la biodiversité locale, notamment par la réduction de l'espace de vie de certaines espèces animales qui tendent à disparaître.

La surconsommation de viande

La consommation de produits carnés est en pleine expansion dans les pays développés ou en voie de développement, tel un marqueur de progrès social ou économique ! Or, les conditions d'élevage et d'abattage sont, dans leur extrême majorité, complètement indignes *(oui, bien sûr, tout le monde connaît un petit éleveur qui fait des massages à ses animaux, mais bizarrement les chiffres nous indiquent que 74,4 % de la viande bovine est achetée en grande distribution et hard discount*[13]*, que 83 % des poulets de chair, 99 % des lapins ou encore 95 % des cochons sont issus d'élevages industriels*[14]*, et que les fermes usines sont en pleine expansion concernant les vaches laitières !).*

Les produits alimentaires issus des animaux

On aurait tendance à croire que consommer du lait ou des œufs n'entraîne pas la mort des animaux. C'est malheureusement faux ! Les conditions de vie dans les élevages, la cadence de « production » qu'on leur

---

13. « Les filières de l'élevage français », *Les cahiers de FranceAgriMer*, 2013, p. 13 (http://www.franceagrimer.fr/content/download/21788/178234/file/plaquette%20des%20chiffres%20cl%C3%A9sBD2.pdf).
14. *Ibid.*, p. 42.

impose et l'âge de rentabilité maximale font que leur espérance de vie est réduite de moitié, et parfois même des trois quarts !

Les produits non alimentaires issus des animaux

Fourrure, cuir, laine, plumes… Souvent nous ne faisons pas le lien entre ces sous-produits animaux et la mort que cela engendre. Énormément de personnes croient encore que le cuir utilisé provient des vaches qui ont été tuées pour en consommer la viande ! Or ce n'est pas toujours vrai, il peut s'agir de cheptels tués exprès. Mais même quand le cuir provient d'une vache tuée pour sa viande après avoir été utilisée pour son lait, il faut avoir conscience que le cuir, et particulièrement celui des objets bon marché, provient de bêtes qui ont eu les conditions de vie et de mort les plus déplorables, celles de l'élevage intensif, et souvent issues de pays qui ne connaissent aucune réglementation en matière de souffrance animale. Savez-vous également que le cuir le plus souple n'est pas celui de la vache, mais de l'agneau, et que les conditions d'abattage des autres animaux élevés pour leur cuir fait froid dans le dos ?

De même pour la fourrure, la laine[15] ou les plumes[16], dans la plupart des élevages, les animaux sont pelés à vif et cela engendre de grandes souffrances. Si vous achetez un oreiller en supermarché, il n'y a quasiment aucune chance que les plumes aient été ramassées à terre par un petit producteur soucieux de ses bêtes !

Vous pensez peut-être qu'en France la situation des animaux est différente. Mais même si c'était le cas, êtes-vous sûr que le cuir de vos chaussures ou de votre sac, les plumes de votre oreiller et la laine de vos pulls est issue d'animaux élevés et abattus en France ? Dans le monde magique de la mondialisation, ce n'est pas parce qu'un animal est élevé près de chez soi que c'est son cuir, ses plumes ou sa laine que nous retrouvons dans les objets du quotidien. Savez-vous par exemple que la France importe la moitié du cuir qu'elle utilise : si vous achetez un objet fabriqué en France, vous n'avez qu'une « chance » sur deux pour que l'animal ait vécu dans l'Hexagone. Autant dire que pour les objets fabriqués en dehors, les statistiques diminuent drastiquement.

---

15. Blog Antigone XXI, « Touche pas à ma laine ! » (https ://antigonexxi.com/2013/01/23/touche-pas-a-ma-laine-2/).
16. « Le scandaleux commerce du duvet provenant de pratiques cruelles envers les animaux », Respect-animal.ca (http://www.respect-animal.ca/fr/animaux-plumage-duvet-oie-canard.html).

Finalement, nous pouvons faire autrement, il suffit de prendre conscience de la réalité de ce que vivent tous ces autres êtres vivants, et de faire quelques recherches pour trouver des alternatives. Nous pouvons tous être des super-héros et sauver des centaines de vies chaque année !

La classe, non ?

Je passe à l'action !

✔ Mission 1 : J'interroge les implications des produits que je consomme

La manière dont je consomme a une influence sur la vie de millions d'êtres humains et d'animaux. Je sélectionne l'un des objets ou aliments les plus utilisés dans ma maison (pâtes, sauce tomate, lardons, crème dessert, maquillage, gel douche, téléphone portable…) et j'essaie de répondre, pour ce produit, à toutes les questions qui figurent sur l'illustration précédente.

Je m'accorde 1 point éthique.

Je colle ici mes points pour la mission 1 :

✔ Mission 2 : Je privilégie des produits dont je connais la provenance et les conditions de production

Je choisis d'acheter préférentiellement des objets dont je connais la provenance et dont les conditions de production me conviennent.

Lors de la visite des lieux de production proches de mon domicile, je m'intéresse à la vie et à la rémunération de l'éleveur : quel est son réseau de distribution ? Peut-il vivre de sa production ? Etc. L'idéal serait de rencontrer un producteur conventionnel et un producteur bio/permaculture pour bien saisir la différence en termes de bien-être et de bonheur !

Je m'accorde 2 points éthique chaque fois que je fais la démarche de prendre en compte la vie des autres humains dans la chaîne de consommation.

Je colle ici mes points pour la mission 3 :

✔ Mission 3 : Je me soucie du bien-être animal et m'intéresse aux conditions de vie des animaux d'élevage

Du côté des animaux, je peux choisir de refuser leur mort inutile ainsi que leurs conditions d'élevage déplorables. Je visite des lieux de production proches de chez moi, pour prendre connaissance de la vie et du quotidien des animaux qui y sont élevés. Vous constaterez sans doute des différences si vous visitez plusieurs exploitations !

Je m'accorde 2 points éthique chaque fois que je fais la démarche de prendre en compte la vie des animaux dans la chaîne de consommation.

Je colle ici mes points pour la mission 2 :

✔ Mission 4 : Je cherche des alternatives aux produits jetables ou polluants

Il existe toujours une alternative pour consommer mieux ! Je me réfère aux alternatives de la semaine 2 chaque fois qu'un objet jetable arrive en fin de vie dans ma maison.

Je m'accorde 1 point éthique, 1 point économies et 1 point planète pour toute nouvelle alternative durable mise en place.

Je colle ici mes points pour la mission 4 :

JOUR 17
Je réalise que je suis né pour consommer

Nous vous avions laissé, au terme du jour 12, sur cette interrogation cruciale : comment sensibiliser les enfants à la surconsommation afin d'en faire de petits alliés et de futurs colibris ?

L'enfant arrive dans un monde de surconsommation qui le précède. C'est ainsi que le futur enfant est pensé par les marketeurs comme un petit consommateur en puissance, et toute une série de produits sont spécialement étudiés pour que les parents, dans leur désir d'être de *bons* parents, les achètent sans remettre en question leur utilité ou leur illusoire innocuité.

Ajoutons à cela l'absence d'éducation à la consommation, et même la norme de surconsommation admise et encouragée par l'entourage de l'enfant : parents, parrains, marraines, famille — qui n'a pas participé à la surenchère de cadeaux : « Untel fait des cadeaux à tel prix, il faut que je m'aligne » ? Cela donne un environnement :

- où l'on fait obligatoirement des cadeaux neufs pour ne pas paraître « radin » ;
- où l'on ne peut plus apporter de gâteaux faits maison (pourtant sans additifs ni emballage !) dans de nombreuses écoles : pour se prémunir du risque d'allergies ou d'intoxication alimentaire, il est recommandé d'apporter des aliments industriels ou des bonbons, qui contiennent pourtant des additifs suspectés d'augmenter les troubles de l'attention ! Le tout, à l'heure où l'on demande également aux instituteurs de s'impliquer dans la lutte contre l'obésité. N'y a-t-il pas un paradoxe ? ;
- où l'on trouve parfois comme support pédagogique le « loto des marques » ;

- où certains professionnels de santé conseillent la nourriture industrielle spécifique pour les enfants, sans pour autant être transparents sur leurs relations avec les visiteurs médicaux issus des milieux pharmaceutiques ou agroalimentaires ainsi que sur les avantages qu'ils perçoivent en retour.

Comment peut-on attendre des enfants qu'ils deviennent comme par magie des consommateurs responsables une fois devenus adultes, alors que cette surconsommation a été ancrée dans leur fonctionnement quotidien par autant de structures symbolisant l'autorité dans leur cerveau immature d'enfant ?

En tant que parent, vous pouvez tout à fait éduquer vos enfants à la consommation et à l'écologie : quel que soit leur âge, les enfants sont capables de réfléchir et de comprendre. Et, promis, ils ne seront pas moins heureux ou insouciants !

Nous, adultes ayant subi cette exposition multiple à la norme de surconsommation, éprouvons les plus grandes difficultés à nous en départir ensuite : pourquoi ne pas contrer cette exposition dès le départ par une limitation des sollicitations, ainsi que par des explications adaptées à l'âge de l'enfant ?

Concrètement, que puis-je faire dans les situations courantes de surconsommation ?

Expliquer

Lorsque vous vous rendez, par exemple, dans un supermarché ou un magasin de jouets, les enfants, même avertis, seront bien sûr réceptifs au marketing dont ils sont la cible. Ce sont des enfants, leur système nerveux n'est pas encore assez développé pour que la raison inhibe à tous les coups leurs envies ! Ils ne sont pas encore suffisamment armés non plus pour faire face à la surstimulation.

C'est pourquoi il est nécessaire de leur rappeler, avant d'entrer dans le magasin, ce que vous allez acheter et ce que vous n'allez pas acheter. Et, une fois dans le magasin, vous pouvez leur expliquer en quoi tout est fait pour leur donner envie à eux, les enfants : les babioles près des caisses, les expositions en tête de gondole pour contraindre d'une manière ou d'une autre les parents à acheter.

N'oubliez pas de leur dire à quel point vous comprenez leur envie, puisque tout est fait pour la susciter, rappelez-leur aussi qu'ils n'ont pas *besoin* de tout cela mais seulement *envie* et que vous n'achèterez pas tout ce dont ils ont envie, et que vous les aimez quand même !

Refuser les doublons

Lorsque le restaurant (en plus de la traditionnelle sucette à laquelle il est difficile d'échapper) propose en plus à chaque enfant une balle en mousse emballée dans un film plastique, vous pouvez leur expliquer que deux balles sont suffisantes et que si le jouet est le même la prochaine fois, vous refuserez gentiment l'objet. Quel est l'intérêt pour eux d'accumuler des objets qui suscitent certes leur vif intérêt sur le moment, mais qui, dès le lendemain, sont complètement oubliés ?

Même chose quand ledit restaurant donne à chaque enfant un mini-Puissance 4 qui se joue à deux : quel est l'intérêt d'avoir un Puissance 4 par enfant ? Cela marche aussi pour les jeux de cartes, de dames, des sept familles, bref, pour tous les jeux de société qu'il est inutile de posséder en double.

Herveline

« Ma façon de faire n'a pas vocation à être parfaite et n'est pas l'unique manière de faire, elle est juste celle qu'instinctivement j'ai mise en place.
Elle n'est pas infaillible, et c'est normal puisque la disposition, l'emplacement et la nature des objets sont faits pour stimuler le cerveau de l'enfant, c'est pourquoi mes enfants de 4 et 6 ans, comme les autres, ont parfois beaucoup de mal à accepter que leur envie ne se matérialise pas en bout de caisse. Mais, la plupart du temps, l'explication leur convient et ils demandent souvent à fabriquer un équivalent à la maison. »

Il ne s'agit pas de leur interdire, mais de leur expliquer et de les amener à se questionner afin qu'ils appréhendent d'eux-mêmes le caractère inutile de la situation.

Que puis-je faire lors des anniversaires, à Noël, à Pâques ou à Halloween ?

Dire la vérité sur les cadeaux sans pour autant perdre la magie, c'est possible !

Dans l'éducation à la consommation et à l'écologie, un des leviers possibles est d'expliquer aux enfants la vérité sur la provenance de leurs jouets, et, en fonction de leur âge, sur les conditions de leur fabrication. En effet, le mythe du jouet qui vient de nulle part, qui n'a pas de prix ni d'impact, même s'il tombe une fois que l'enfant a grandi, amène celui-ci à une certaine logique de consommation inconsciente qu'il est difficile de modifier par la suite. Il est également plus difficile ensuite pour le parent de faire marche arrière *(mais possible !)*.

La prise en compte de la personne qui a fabriqué ce jouet *(souvent dans des conditions pas très magiques, d'ailleurs)* amène l'enfant à en prendre soin, car respecter l'objet, c'est aussi respecter la personne qui a donné de son temps et de son énergie pour le fabriquer, mais aussi la personne qui l'a acheté, et les enfants y sont très sensibles. Attention, il ne s'agit en aucun cas de culpabiliser l'enfant, mais de l'amener à réfléchir et orienter de lui-même son action.

Les enfants sont également réceptifs à l'empreinte environnementale de l'objet et à ce qu'il deviendra une fois cassé ou inutile, en tant que déchet. Là encore, cela l'amènera à en prendre soin, et naturellement à le céder à un autre enfant quand lui-même n'en aura plus l'usage.

Et pour la problématique particulière de Noël, si on considérait que la magie ne réside pas dans le fait de cacher aux enfants d'où proviennent les cadeaux, mais dans l'amour et la joie que procure cette période ? Vous pouvez leur expliquer ce qu'est Noël, mais comme un folklore, et à côté de ça ne pas faire de conciliabules dès qu'il s'agit des cadeaux.

Fabriquer les cadeaux en famille

Fabriquer en famille les cadeaux de Noël, c'est une sacrée expérience, très formatrice pour les enfants ! Cela leur permet de découvrir que c'est un moment privilégié où on pense fort à la personne qu'on aime, à ce qui pourrait lui faire plaisir, à sa réaction en ouvrant son cadeau… On pense bien plus à la personne, on la considère bien plus en passant du temps à lui fabriquer quelque chose qui lui fera plaisir, qu'en courant les magasins en fin de journée ou en cliquant sur le bouton « Paypal » du navigateur.

Herveline

« C'est une expérience qui nous a tous enrichis, petits et grands, celui qui offre comme celui qui reçoit. Et d'ailleurs, les rares personnes qui ont eu des cadeaux achetés ces années-là se sont senties flouées. Plutôt rigolo, non ? »

Limiter les stimulations

Les enfants apprennent par imitation. Si vous souhaitez les sensibiliser à la consommation raisonnée, le plus simple est d'adopter un comportement naturel qui aille dans ce sens, y compris lors des périodes « à cadeaux ».

Vous pouvez inviter votre famille et vos amis à offrir des cadeaux d'occasion. Cela montrera naturellement à votre enfant que le neuf n'est pas le reflet du respect ou de l'amour que porte la personne qui offre à la personne qui reçoit.

Vous pouvez également inciter votre famille et vos amis à se limiter à un cadeau par occasion, par enfant et par personne qui offre. Et ce, même si le cadeau est acheté d'occasion et qu'il n'a « rien » coûté : les enfants n'ont pas idée de la valeur financière de leur cadeau, ce n'est pas cette valeur qui conditionne leur plaisir. En revanche, le nombre de cadeaux est pour leur système nerveux immature très difficile à gérer. Avec moins de cadeaux, les enfants peuvent apprécier chacun d'eux et jouer avec tous.

Les cadeaux à Pâques ou à Halloween ne sont pas utiles ! Mais dans l'optique de ne pas couper les enfants de leur groupe tout en leur transmettant les valeurs qui vous tiennent à cœur, vous pouvez réaliser des activités spécifiques, leur raconter des histoires ou faire un repas à thème. Et souvenez-vous : les bonbons à Halloween tout comme les tonnes de chocolat à Pâques ne sont pas une obligation : le bonheur n'est pas dans la profusion. Est-ce utile d'acheter des chocolats à vos enfants quand vous savez que leur grand-mère va, elle aussi, en acheter pour l'unique raison que cela serait radin de votre part, en tant que parent, de ne pas le faire ? Et si on considérait que le devoir d'un parent n'est pas d'acheter sa part quelle que soit celle des autres, mais d'offrir aux enfants des occasions d'être heureux ? Une petite chasse aux œufs pleine de joie est tout aussi bénéfique que plusieurs chasses où l'enfant ne sait même plus compter ce qu'il a dans les mains !

Et à l'extérieur ?

Bien sûr, quand on a un mode de vie à la maison qui limite fortement la production de déchets, cela nous conduit, en tant que parent, à refuser certains achats ou certaines sorties. Bien sûr, si vous adoptez ce mode de vie, vos enfants poseront des questions *(voire protesteront !)*. Répondez-leur alors avec calme : promis, les enfants seront incroyablement réceptifs à vos explications !

À l'extérieur, en revanche, vous ne serez pas là pour les surveiller, à l'école, chez des amis, lors des anniversaires des copains. S'ils veulent faire « comme les autres » à ces occasions, libre à eux, il ne s'agit surtout pas de porter un jugement, car l'appartenance identitaire est très importante pour les enfants.

Quand une famille adopte un mode de vie si différent de celui du reste de la population, les enfants doivent jongler entre ce qu'ils pensent juste et important de faire, et l'envie de s'intégrer à un groupe d'enfants de leur âge. La bonne nouvelle, c'est que vous pouvez vous arranger pour qu'ils ne se sentent pas trop en décalage : ils peuvent boire de la grenadine, mais bio et dans un contenant en verre. Ils peuvent la boire à la paille, mais une paille en inox. Ils peuvent manger des hamburgers, mais des hamburgers maison. Ils peuvent porter des vêtements à l'effigie de leur héros préférés qu'ils découvrent à l'extérieur, mais achetés d'occasion ou prêtés. Ils auront des cadeaux, mais pour la plupart achetés d'occasion.

L'expérience que nous menons dans nos familles respectives, qui est aussi celle que mènent les personnes de notre groupe, montre qu'en pratique peu leur importe tout ça, pourvu qu'ils boivent de temps en temps de la grenadine à la paille, qu'on se fasse des soirées pyjama/hamburger/pop-corn devant un dessin animé, qu'ils aient un tee-shirt Avengers ou princesse machinchouette et qu'ils puissent parler avec leurs copains des Power Rangers Dino Charge.

Herveline

« Vous aurez la surprise de constater comme nous que, même s'ils ont la possibilité de faire "comme tout le monde" à l'extérieur, parfois ils le font et parfois ils choisissent d'eux-mêmes une autre voie. Je me souviendrai toujours de la surprise que j'ai ressentie le jour où, invités à un anniversaire et sans aucune pression parentale (comme d'habitude), mes enfants ont refusé de boire à la paille car "après ça va à la poubelle". Et ils sont restés cohérents tout l'après-midi ! Ou de ce jour où, chez nos voisins, ma fille voulant manger plus tard le reste de sa crêpe m'a demandé "un pot" pour la transporter. J'ai dû lui faire répéter plusieurs fois, car je ne m'y attendais pas du tout ! Elle ne voulait ni la laisser ni la jeter, elle n'a pas demandé non plus un Sopalin, non : elle voulait un bocal en verre ! »

Bien sûr vos enfants resteront des enfants. À la sortie du restaurant, ils attendront toujours avec impatience le bonbon bien emballé. Et la plupart du temps, également, ils ne refuseront pas la paille en plastique. Mais l'idée fera son chemin. Inhiber le plaisir procuré par l'objet est un processus complexe pour des enfants. Adopter de leur propre chef, sans obligation ni jugement parental, un comportement économe, ne serait-ce que de temps en temps, est déjà quelque chose de tout à fait remarquable : soyez fiers de leurs petits pas !

Je passe à l'action !

J'ARRÊTE DE SURCONSOMMER !

✔ Mission 1 : Je déjoue les stratégies commerciales avec mes enfants

J'explique à mes enfants les stratégies commerciales des marques et des grands magasins, afin d'éviter les produits pour lesquels ils sont ciblés et faciliter le passage en caisse !

Je m'accorde 1 point économies et 1 point planète chaque fois que je mets en œuvre ce conseil.

Je colle ici mes points pour la mission 1 :

✔ Mission 2 : Je limite le nombre de cadeaux

Je limite le nombre de cadeaux à chaque occasion pour recentrer sur quelques objets qui font réellement plaisir à mes enfants.

Je m'accorde 1 point planète si je suis ce conseil, 1 point planète et 1 point économies si j'achète un cadeau d'occasion ou que je le confectionne moi-même (sans rien acheter d'autre pour compenser !), et 1 point éthique si je sensibilise mes enfants à la fabrication des jouets.

Je colle ici mes points pour la mission 2 :

✔ Mission 3 : J'opte pour des cadeaux différents

Je pense aux cadeaux symboliques : parfois un petit objet ou un cadeau immatériel a une valeur bien plus forte qu'un jouet neuf.

Je m'accorde 1 point planète si je réalise cette mission.

Je colle ici mes points pour la mission 3 :

Collez ici
1 point
Planète

✔ Mission 4 : Je propose des alternatives aux objets prisés par les enfants

Je définis avec mes enfants des compromis pour qu'ils s'insèrent dans le groupe des enfants de leur âge, mais pas au détriment de la planète et des autres êtres vivants : je repère avec eux ce qui est essentiel en fonction de leur âge (héros ? paille ? objets spécifiques ? particularité vestimentaire ?) et je leur propose des alternatives jusqu'à trouver un compromis acceptable pour les deux parties.

Je m'accorde 1 point éthique et 1 point planète pour chaque compromis trouvé.

Je colle ici mes points pour la mission 4 :

Collez ici
1 point
Éthique

Collez ici
1 point
Planète

J'ARRÊTE DE SURCONSOMMER !

JOUR 18

J'observe comment je suis sursollicité par les stratégies marketing dans mon quotidien

Elles se glissent partout, dans tous les moments de notre quotidien, du lever au coucher… Avez-vous déjà remarqué à quel point les publicités envahissent totalement tous les pans de notre vie ?

À chaque moment de la journée et en tous lieux, lorsqu'on commence à y regarder de plus près, on ne peut que se rendre compte que nous ne sommes considérés que comme des porte-monnaie sur pattes qu'il faut inciter à acheter par tous les moyens possibles.

- Dès le matin, le radio-réveil sonne et, une fois sur deux, ce n'est pas une chanson qui nous tire du sommeil mais une publicité.
- Dans la voiture, même en ayant six stations de radio préenregistrées, il arrive que les publicités tombent sur les six en même temps.
- Lorsque nous allons faire le plein d'essence : même dans cet endroit un écran nous balance de la pub !
- En ville, et même à la campagne, les panneaux publicitaires envahissent le paysage.
- Dans la presse écrite, à la télévision, toujours la même rengaine, à croire que le contenu ne sert que de prétexte à nous inonder de sollicitations.
- Nos boîtes mail sont surchargées de publicités en tout genre, de newsletters, etc. Et ne parlons pas des publicités incrustées dans les navigateurs, blogs et sites Internet !
- Des démarcheurs nous envahissent même chez nous en nous sollicitant par téléphone ou même directement en sonnant à la porte !

Au total, plusieurs centaines de sollicitations publicitaires bombardent quotidiennement notre conscient et notre inconscient. Même s'il est difficile de passer à côté, quelques stratégies rapides sont aisées à mettre en place pour limiter cela : mettre un « Stop pub » sur sa boîte aux lettres, organiser sa boîte mail en envoyant les publicités dans les spams (« Cocher tout, supprimer ! »), se désinscrire de toutes les lettres d'information, limiter son exposition quotidienne à la télévision et à la radio, etc.

En faisant cela, on peut avoir l'impression de bien s'en sortir et d'être à l'abri d'une sollicitation excessive.

C'est un premier pas, mais ce n'est pas suffisant ! Ceux qui ont des choses à vous vendre utilisent différentes stratégies pour parvenir à leurs fins, de la plus visible, comme le matraquage publicitaire, à la plus pernicieuse.

Une licorne avertie en vaut deux, nous vous proposons donc de faire un petit tour d'horizon des différentes stratégies utilisées.

Mes données personnelles sont achetées : la publicité ciblée

Lorsque vous faites un achat dans un magasin en fournissant votre carte de fidélité, et surtout chaque fois que vous commandez sur Internet, vos données sont étudiées, scrutées et analysées. En fonction de votre profil (âge, sexe, situation de famille, etc.) et de vos achats, des analystes aidés d'algorithmes mystérieux en déduisent vos habitudes et vos goûts, et peuvent ensuite vous bombarder de publicités ciblées qui ont une probabilité beaucoup plus élevée de déboucher sur un achat.

Une aubaine pour les marques qui achètent des listes d'acheteurs potentiels par type de profils à prix d'or ! Réfléchissez-y si vous êtes du genre à faire beaucoup d'achats sur Internet !

Les cartes de fidélité

Au cours d'un *Cash Investigation* (émission proposée par Élise Lucet), un professionnel du marketing a pu donner un exemple particulièrement frappant au sujet des cartes de fidélité d'une grande surface.

Ils se rendent compte qu'une famille composée d'un couple et d'un jeune enfant arrête tout à coup d'acheter des boissons alcoolisées, des protections périodiques et, qu'à l'inverse, elle augmente la proportion de ses achats de produits bio.

Ils en déduisent aussitôt que la femme est enceinte et commencent à lui proposer des promotions sur les couches ou d'autres produits liés à la maternité et à la petite enfance !

Mes sens et mes émotions sont scrutés et exploités

Afin de déclencher la pulsion d'achat, les professionnels du marketing vont encore plus loin en s'attaquant à certains de vos sens *a priori* sans lien direct avec l'acte d'achat. Le neuromarketing mise sur l'émotion, sur l'affectivité et sur l'inconscient. Il vous donne finalement la sensation de vous déconnecter du produit, mais d'acheter une expérience, un style de vie.

- Le niveau visuel est le plus facile à comprendre, car nous sommes quand même plus ou moins conscients de l'influence du packaging sur nos achats. Mais ce n'est pas seulement l'ergonomie du produit qui est en jeu. Tout est étudié pour déclencher chez vous une sensation positive : couleurs attrayantes, formes, certains mots également (« naturel », « beauté », « bien-être »…), ou encore positionnement dans le rayon.
- Savez-vous que certaines entreprises ont pour activité de créer des playlists de musique pour les magasins ? Quel est le lien entre la musique et vos achats potentiels ? Tout simplement, il a été repéré que les musiques rythmées augmentent la mobilité du client, le font se déplacer plus vite. Cela peut être nécessaire par exemple lorsqu'il faut augmenter la rotation dans un magasin ou un fast-food.

  Personnellement, la musique criarde aurait tendance à me faire fuir, mais, à l'époque où j'achetais encore des vêtements neufs, j'avais justement tendance à prendre le premier qui passait et vite aller le payer pour sortir le plus vite possible ! Mon achat n'était donc pas raisonné !

- Savez-vous que certains produits sont conçus pour émettre un bruit qui vous donnera envie d'en racheter, ou bien qui vous confortera dans une bonne image de la marque ? C'est par exemple le bruit d'une canette que l'on décapsule, celui du croustillant des chips ou encore d'une portière de voiture que l'on claque.
- Certaines entreprises proposent maintenant des diffuseurs d'odeurs que les magasins peuvent acheter. Des odeurs apaisantes permettent au client de se sentir bien dans la boutique et donc d'y rester plus longtemps. D'autres odeurs, comme le cuir ou le bois, renvoient à la notion de luxe, quand des odeurs de nourriture vont vous donner faim et vous inciter à acheter ce qui vous fait envie sur le moment.
  L'odorat étant un sens particulièrement vecteur d'émotions, qui nous ramène très vite à un souvenir, il est extrêmement intéressant pour le milieu du marketing de se pencher sur la question[17] !

Nous n'avons pas de moyen d'action radical pour lutter contre le neuromarketing, si ce n'est de prendre conscience des stratégies utilisées, et de limiter les achats sur Internet et les achats neufs en magasin. Moins nous nous rendons dans des magasins physiques ou virtuels, moins nous avons de risques d'être pris, même de manière inconsciente, dans cet engrenage !

Encore et toujours, définissez vos besoins et faites une liste avant de vous rendre dans un magasin ! Si vous n'avez pas d'achats précis à effectuer, préférez un environnement non marchand pour vous promener ! En d'autres termes, éloignez-vous de la tentation !

On me fait croire que je suis gagnant

Ah ! les promotions ! « 3 pour le prix de 2 », « moins 50 % sur le 2e article », « les cagettes de légumes Lidl à 1 € »...

Voici un exemple concret (mais avec des chiffres fictifs) :

Soit un paquet de 1 kilo de pâtes de marque distributeur à 70 centimes.

17. Source : « Neuro-Marketing, manipulation ou technique commerciale ? » *On n'est plus des pigeons !*, France 4, 18 avril 2016 (http://www.france4.fr/emissions/on-n-est-plus-des-pigeons/enquete/neuro-marketing-manipulation-ou-technique-commerciale_477897).

Soit un paquet de 1 kilo de pâtes de marque à 1 € mais en promotion de type « 3 pour le prix de 2 ». Ce qui donne le paquet à 66 centimes. Youhou, c'est moins cher !

Oui mais ... Ce jour-là, vous n'aviez objectivement besoin que d'un seul kilo de pâtes : votre placard à provisions peut en témoigner ! Hors promotion, vous auriez acheté le paquet le moins cher, et dépensé 70 centimes. Le supermarché a réussi le tour de force de vous faire dépenser plus de deux fois ce que vous aviez prévu de dépenser, 2 euros, en vous faisant croire que vous aviez économisé 1 euro. Dans la réalité, vous avez dépensé 1,30 euro de plus. Vous vous dites peut-être que vous avez économisé, puisque sans la promotion, vous n'auriez pas dépensé 2, mais 3 euros. C'est faux ! Car si la promotion n'avait pas attiré votre œil, vous n'auriez pas acheté 3 paquets, mais 1 seul, celui dont vous aviez besoin. Vous auriez donc dépensé moins. Alors, qu'en est-il de votre économie ? Dans un supermarché, l'argent le plus sûrement économisé est celui qui n'est pas dépensé.

Marie

« Pendant longtemps, j'ai cru qu'il s'agissait d'une vraie bonne affaire, dans le sens où, mathématiquement, la démonstration est imparable : si j'achète un bidon de lessive à 8,95 € et que je bénéficie d'une promotion "3 pour le prix de 2", théoriquement, j'obtiens un bidon de lessive gratuit.
Théoriquement ! Enfonçons tout de suite une porte ouverte : les supermarchés, ou même n'importe quel type de commerce, ne sont pas des œuvres sociales attachées à votre bien-être et à vous faire gagner de l'argent. Leur but est de gagner le plus d'argent possible. La stratégie est simple : plus vous dépensez et plus il gagne de l'argent.
C'est d'une logique enfantine, non ? »

On vous entend d'ici dire : « Oui, mais c'est quand même une économie, car c'est autant de pâtes que je n'aurai pas à racheter ! » Posez le livre et allez dans votre cuisine ouvrir vos placards. Comptez le nombre de

paquets de pâtes, même ceux entamés ! Votre stock ne baisse jamais car il est toujours alimenté par les comportements de surconsommation induits, entre autres, par les promotions. Or un stock qu'on n'épuise jamais n'est jamais source d'économies.

C'est précisément sur cela que parient les supermarchés : vous allez acheter aujourd'hui quatre bidons de lessive (ou trois paquets de pâtes !) puisqu'elles sont en promotion, puis la fois suivante vous achèterez un lot de six pizzas surgelées alors que vous vivez seul (dans le meilleur des cas, vous ne jetterez pas et ne générerez pas de gaspillage alimentaire, mais rien n'est moins sûr). La fois suivante, vous tomberez sur cette super promo de « 3 × 8 tranches de jambon à moins 50 % », etc. ! Chaque fois que vous faites vos courses, vous aurez la sensation satisfaisante d'avoir joué votre rôle de consommateur averti, d'avoir payé moins cher certains produits et de gérer au mieux votre budget.

Pourtant, dans la pratique, vous serez tombé dans le piège de ce supermarché. Tous les mois, vous aurez dépassé votre budget en vous disant que, de cette façon, vous serez tranquille pour un moment. Certes, vous n'aurez plus besoin d'acheter de lessive pendant plusieurs mois, mais vous aurez toujours besoin de retourner dans le supermarché dans cet intervalle.

Marie

« Je me souviens d'une personne dans notre groupe Facebook qui avait montré en photo une pièce de sa maison entièrement consacrée au stock lié aux promotions. Les membres du groupe avaient alors essayé de lui ouvrir les yeux pour qu'elle puisse constater à quel point elle faisait le jeu des magasins en agissant ainsi, sans pour autant faire la moindre économie, puisque cette personne avait rejoint notre groupe justement pour améliorer sa situation financière ! »

La seule et unique méthode efficace pour faire de véritables économies en lien avec la consommation doit venir de nous, et nous ne devons jamais être tributaires d'éventuelles promotions pour gérer notre budget. Plus la promotion est alléchante ou pressante, plus il est nécessaire de prendre du recul !

Définir son budget, faire ses menus, faire sa liste de courses, n'acheter que ce dont on a besoin pour une période donnée sans même jeter un œil aux promotions et aux têtes de gondole, voilà notre vraie liberté de consommateur.

Le marketing, et même le neuromarketing, par rapport à nous, petits consommateurs isolés, c'est un peu le pot de fer contre le pot de terre. Les moyens déployés sont énormes et nous dépassent largement. Mais gardons toujours à l'esprit une idée très simple : sans nous, ils ne sont rien !

Je passe à l'action !

✔ Mission 1 : Je mets un « Stop pub » sur ma boîte aux lettres

Je mets un « Stop pub » sur ma boîte aux lettres (disponible en mairies, mais vous pouvez le fabriquer vous-même !).

Je m'accorde 1 point éthique et 1 point économies si je suis ce conseil.

Je colle ici mes points pour la mission 1 :

✔ Mission 2 : Je me désabonne des newsletters

Je me désabonne de toutes mes newsletters et ventes privées.

Je m'accorde 1 point éthique, 1 point planète et 2 points économies lorsque c'est fait.

Je colle ici mes points pour la mission 2 :

✔ Mission 3 : Je n'utilise plus de cartes de fidélité

Je rends mes cartes de fidélité et n'en accepte plus aucune ! Ainsi, je limite la revente de mes données personnelles et je suis moins exposé(e) aux publicités individualisées.

Je m'accorde 1 point éthique et 1 point économies par carte de fidélité détruite ou refusée.

Je colle ici mes points pour la mission 3 :

Collez ici 1 point **Éthique** | Collez ici 1 point **Économies**

✔ Mission 4 : Je privilégie les achats dans les magasins et limite ceux sur Internet

Je diminue mes achats sur Internet en trouvant des alternatives. Par exemple, j'achète mes livres en librairie ou d'occasion, j'achète mes huiles essentielles en pharmacie ou en magasins bio. En ne prenant que ce dont j'ai besoin, je ne serai pas tenté(e) de naviguer sur tout le site et de remplir mon panier virtuel pour bénéficier des frais de livraison gratuits !

Je m'accorde 1 point éthique, 1 point économies et 1 point planète pour chaque achat déplacé du réseau virtuel au marché réel.

Je colle ici mes points pour la mission 4 :

Collez ici 1 point **Éthique** | Collez ici 1 point **Économies** | Collez ici 1 point **Planète**

✔ Mission 5 : Je n'achète plus de produits en promotion

Les prochaines fois que je vais faire des courses, je n'achète aucun produit en promotion. Pas de « oui mais ! » C'est qui le boss, vous ou le supermarché ?

Je m'accorde 1 point éthique et 2 points économies pour chaque course où je glisse sur les promotions et les têtes de gondole.

Je colle ici mes points pour la mission 5 :

Collez ici 1 point **Éthique** | Collez ici 1 point **Économies** | Collez ici 1 point **Économies**

JOUR 19
Je m'interroge sur le fonctionnement du système bancaire

« Il est une chance que les gens de la nation ne comprennent pas notre système bancaire et monétaire parce que, si tel était le cas, je crois qu'il y aurait une révolution avant demain matin. »

Henry Ford

La consommation est un marqueur de niveau social : un pays *développé* se doit de consommer. Et chaque habitant dudit pays *doit* consommer pour alimenter les statistiques de croissance. Tout cela est pris dans une conception particulière de la vie, de la réussite et du bonheur : on a beau s'en défendre, il est communément admis que plus on consomme, plus on est heureux. On aspire donc à *être en capacité de consommer*, et à dépenser l'argent qu'on gagne comme on l'entend. Combien de personnes s'abîment la santé car elles pensent qu'il est de leur devoir d'assurer un niveau de vie suffisant à leur famille pour déclencher ce sentiment de bonheur ?

Dans ce contexte, dépenser plus d'argent qu'on n'en possède est devenu une sorte de fatalité : le coût de la vie est trop élevé par rapport aux salaires, le recours aux crédits et découverts devient une « nécessité de survie ».

Vraiment ?

L'esclavage par la dette

Trop de ménages se sentent contraints de dépenser de l'argent qui ne leur appartient pas, alors même que la spirale de l'endettement est extrêmement difficile à remonter, du fait des intérêts et des frais bancaires. Ils ne peuvent espérer aucune aide à la gestion budgétaire de la part des conseillers bancaires, dont l'objectif, fixé par voie hiérarchique, est de vendre le plus de produits bancaires possible, destinés à nous faire dépenser toujours plus d'argent virtuel. Ils peuvent même proposer des cartes bancaires avec revolving inclus ! Alors que l'on espère être conseillé par les banques, elles agissent en fait de manière radicalement contraire à nos intérêts.

Savez-vous que l'utilisation du découvert, même autorisé, est une forme de crédit dont la contrepartie est le paiement d'intérêts ?

Pourquoi de telles pratiques d'endettement sont-elles encouragées par les banques ? Parce que ce qui crée l'argent, loin devant celui généré pas nos dépôts, ce sont nos millions de crédits individuels. Votre banque s'enrichit grâce à votre découvert ! *(Merci qui ?)*

Les banques privées n'ayant pas la possibilité de s'appuyer uniquement sur les dépôts pour prêter de l'argent, elles en créent *ex nihilo (de rien, from nothing... !) via* nos crédits ! Ce rien, nous le remboursons en argent réel issu de notre travail, et le montant restitué est détruit. L'immense majorité de l'argent en circulation dans le monde est donc constituée de la dette dont les emprunteurs doivent encore s'acquitter.

En dehors de ce processus de création puis de destruction, les banques créent de l'argent d'une autre manière, puisque, du fait des intérêts, nous remboursons plus d'argent que le montant initialement créé : les banques s'enrichissent de nos dettes.

Savez-vous que 95 % de l'argent en circulation est de la monnaie électronique, créée et gérée par les banques privées, et que les billets et pièces créés par l'État ne représentent que 5 % de l'argent en circulation ?

Vous commencez à comprendre le mécanisme ? Pensez-y la prochaine fois que vous piocherez dans votre découvert !

Le système monétaire a donc besoin des crédits pour exister : s'ils étaient tous remboursés, 95 % de l'argent en circulation disparaîtrait. C'est la raison pour laquelle :

- les banques nous incitent à consommer au-delà de ce que nous pouvons dépenser ;
- tout est fait pour que nous vivions à crédit (à la consommation, immobilier, revolving ou découvert) ;
- les banques ne nous apprennent surtout pas à gérer notre argent et à consommer uniquement en fonction de nos besoins.

Pourquoi sortir de ce système ?

Parce qu'il fonctionne à votre détriment et s'enrichit de vos difficultés ! Un crédit n'a jamais pour but de vous aider !

La société humaine est obligée de travailler pour rembourser la dette et les intérêts créés par sa consommation. Par « société humaine », entendez sa partie moyenne et basse : les personnes riches n'ont pas ou très peu besoin de crédits... et les populations moyennes et pauvres sont beaucoup plus intéressantes, car beaucoup plus nombreuses : elles constituent donc le cœur de cible des stratégies marketing orchestrant la croissance de la consommation.

Pour que ces populations puissent consommer toujours davantage, en plus de faciliter les crédits revolving et l'utilisation des découverts, les industriels et les lobbys tirent les prix vers le bas.

Or, ces produits à très bas prix sont impossibles à produire en France où le travail est réglementé (du moins l'est *encore* pour l'instant), et le salaire minimum, garanti. Un salarié français, même pauvre, même surendetté, coûte trop cher aux entreprises. Alors, elles font fabriquer ailleurs, jetant au chômage des millions de personnes en France.

Ces chômeurs viennent grossir les rangs des tout petits revenus, mais sont incités à consommer de la même manière que tous les autres. Alors, pour pouvoir consommer, ils achètent les produits délocalisés, ceux-là mêmes qui les ont jetés au chômage et, du même coup, financent malgré eux les entreprises qui ont provoqué leurs difficultés sociales et financières.

C'est ainsi que chacune de ces millions de personnes, sans en avoir conscience, est, par sa consommation, par chaque prêt contracté, par chaque euro dépensé dans cette économie délocalisée et esclavagiste, le bras armé du système qui les met à genoux.

Pourquoi ce système n'est-il pas durable ?

Les objets de consommation sont fabriqués à partir de ressources dont la quantité sur Terre est strictement limitée. C'est le cas du pétrole ! Et je ne vous parle même pas des ressources normalement renouvelables, mais que nous utilisons en quantité tellement importante qu'elles n'ont plus le temps de se régénérer ! Baser un paradigme de fonctionnement, la croissance, sur l'exploitation de ressources planétaires finies, est un non-sens !

Levez la tête du livre et regardez les objets du quotidien qui vous entourent. Ils sont tous ou presque composés au moins en partie de pétrole, ou impliquent ce dernier dans leur processus de transport ou de vente. Quand tout le pétrole accessible sera extrait, nous ne pourrons plus les fabriquer. Nous ne pourrons donc plus les consommer ni les acheter : sans ressources naturelles, pas de fabrication ; sans fabrication, pas de consommation ; sans consommation, pas de crédit ; sans crédit, 95 % de l'argent disparaît. Et ce processus d'autodestruction aura entraîné avec lui le sacrifice d'une immense partie du patrimoine environnemental de notre planète, rendant du même coup bien plus complexe la survie de tous ses habitants, humains et non humains.

Comment puis-je contribuer à la construction d'un système différent ?

Posez-vous les questions suivantes (et naturellement, la réponse vous appartient !) :

- Avez-vous envie d'être un rouage de cette société qui maintient la majorité de ses citoyens asservis au remboursement de leurs dettes ?
- Souhaitez-vous continuer à consommer au détriment de votre propre vie et de la vie d'autres êtres vivants, humains ou non humains, vivant ici ou ailleurs sur le globe ?
- Le fait qu'il existe pire ailleurs — ce qui est tout à fait indéniable — justifie-t-il de fermer les yeux sur une dérive de plus en plus importante de la mise en œuvre de notre démocratie ?

Si vous avez répondu non à au moins deux des questions précédentes, vous êtes prêt à découvrir les alternatives au système économique actuel. Bien sûr, il sera inévitable que plusieurs systèmes cohabitent dans une phase de transition ! Mettez donc de côté les arguments suivants :

- C'est bien beau, mais personne ne va suivre !
- Ton histoire, c'est une goutte d'eau dans l'océan !
- Mais si tout le monde faisait comme toi, alors… [placez ici tous les fantasmes de chaos agités tels des épouvantails dès que l'on parle de changement de modèle économique, social ou politique] !

Heureusement, des alternatives concrètes au système économique actuel existent déjà…

L'économie circulaire

L'économie circulaire est destinée à contrer la catastrophe écologique engendrée par l'économie linéaire et la croissance. Quand la croissance amène les consommateurs vers des produits neufs (on les achète, ils se cassent/ils tombent en panne à grand renfort d'obsolescence programmée, on les jette), l'économie circulaire développe la rémunération du service *autour* de l'objet : sa réparation, sa remise en état, son dépannage ou sa transformation.

En achetant d'occasion, vous participez sans le savoir à l'économie circulaire !

Au-delà de la réduction des déchets et de l'empreinte environnementale, l'économie circulaire, c'est aussi un très fort potentiel d'emplois. Je vous entends d'ici : « Mais enfin, si les gens n'achètent plus d'objets neufs, toutes les personnes qui les fabriquent seront au chômage, donc pour soutenir l'emploi, il faut acheter neuf ! »

C'est une idée fausse !

- Les usines de fabrication sont très souvent délocalisées, donc acheter des objets neufs « made in X » ne soutient pas l'emploi en France. Ne pensez plus que parce que cela peut être fabriqué en France, cela signifie que ça l'est : regardez les étiquettes et choisissez en pleine conscience !
- Du fait de la mécanisation et de l'augmentation considérable de la productivité des salariés, de moins en moins d'êtres humains sont embauchés pour produire toujours plus de marchandises : acheter neuf ne finance pas un système qui crée des emplois mais un système qui les supprime. Entre les délocalisations et la mécanisation, 43 000 emplois ont disparu entre 2000 et 2007[18] !
- Si la fabrication est potentiellement entièrement automatisable, la réparation et la requalification nécessitent des compétences spécifiquement humaines : c'est donc une niche potentielle d'emplois.
- Dans le cas où l'objet doit être réparé, mieux vaut que l'usine ne soit pas trop éloignée afin que le transport à l'unité ne soit pas trop élevé : cela

18. Lilas Demmou, « La désindustrialisation en France », *Les Cahiers de la DG Trésor*, Numéro 2010-01, juin 2010 (https ://www.tresor.economie.gouv.fr/file/326045).

incite donc à localiser ces usines près des lieux de consommation et non à l'étranger. En participant au développement de l'économie circulaire, on combat la délocalisation et on favorise le retour des emplois !

- « Oui, mais les entreprises ne peuvent déjà pas embaucher maintenant, comment pourraient-elles embaucher pour réparer ? » Elles le pourraient, car, au lieu d'économiser sur l'effectif salarié, l'économie circulaire leur permettrait d'économiser sur les ressources et la consommation énergétique. En effet, 75 % de la consommation de ressources sert à l'extraction des matières premières (pétrole) et à leur transformation en matériaux (plastique), et seuls 25 % servent à la transformation des matériaux en produits finis[19] ! Financer le développement d'entreprises durables permet de redéployer des moyens en faveur de l'emploi.

Implanter ce modèle économique est un travail d'équipe dont le principal coéquipier est le consommateur : doit-on attendre des mesures incitatives de la part des gouvernements ? Concrètement, vous pouvez rechercher ces entreprises innovantes, par exemple *via* le site de l'Institut d'économie circulaire[20], et les soutenir en achetant préférentiellement ce qu'elles proposent.

Les monnaies locales

Si l'économie circulaire a pour but de limiter l'impact écologique de nos sociétés en promouvant un autre modèle de consommation, les monnaies locales ou complémentaires sont destinées à relocaliser de la richesse dans un territoire donné.

- Une monnaie *locale* n'a cours que sur un territoire limité. Elle est toujours *liquide* et ne peut remonter sur les marchés financiers et son cours est fixe.
- Cette monnaie est conçue pour *circuler :* son épargne ne générant aucun intérêt, l'accumuler ne présente aucun avantage. Elle reste donc un moyen d'échange entre deux personnes pour un bien ou un service. Certains systèmes sont même pensés pour que le fait de conserver de la monnaie coûte de l'argent ! Elle circule donc plus vite, engendre donc davantage d'achats et génère *plus de richesses* que l'euro.
- La monnaie locale favorise donc les *circuits courts*, qui sont écologiquement beaucoup plus durables mais, également, pour les aliments

19. Walter R. Stahel, *The Performance Economy*, Palgrave Macmillan, seconde édition, 2010.
20. http://www.institut-economie-circulaire.fr/Entreprises-Eco-organismes-SEM-EPIC_r21.html

par exemple, bénéfiques en termes de santé. De plus, des critères de *développement durable* sont souvent mis en place pour le choix des entreprises partenaires : les monnaies locales orientent donc les phénomènes de production et de consommation vers un quotidien et une économie locale plus écologique et plus éthique.

- Elle soutient l'*emploi local :* vous souhaitez acheter votre pain en monnaie locale. Votre boulanger, inscrit lui aussi dans la démarche, a tout intérêt à acheter son blé dans le périmètre de cette monnaie. Et l'agriculteur, à acheter son pain chez ledit boulanger et ses légumes au maraîcher local, afin de pouvoir utiliser la monnaie locale qu'il a gagnée (en vendant son blé). Votre boulanger pourra même payer son employé en partie avec de la monnaie locale !
- Les monnaies locales sont convertibles en euros afin de permettre de commercer avec d'autres territoires. Inversement, pour obtenir de la monnaie locale, vous devez échanger des euros (en général, un pour un). Les euros qui ont servi à l'échange sont déposés sur des *réseaux éthiques* tels que la Nef ou le Crédit coopératif, s'engageant à financer, par exemple, des entreprises locales respectueuses de l'humain et de la nature.
- Les monnaies locales sont créées et gérées par des citoyens, ce qui permet aux populations de s'impliquer concrètement dans l'économie locale.

Herveline

« Alors, je vous vends du rêve ? J'espère bien vous avoir donné l'envie de vous jeter sur votre moteur de recherche écologique préféré *(Ecosia ou Lilo !)* pour regarder si votre territoire est doté d'une monnaie locale. Là encore, c'est un travail d'équipe dont le coéquipier principal est le consommateur : les monnaies locales ont besoin de nous pour vivre, n'attendons plus !

Tout cela m'a motivée pour m'investir dans ma monnaie locale, c'était quelque chose que je n'avais pas encore pris le temps de faire : chez moi, c'est l'Agnel ! *(Et Marie, chez toi, c'est le Retz'L.)*

Et par chez vous, quel est son petit nom ? »

Je passe à l'action !

✔ Mission 1 : Je teste une semaine sans carte bancaire ou presque

Cette semaine, ma carte bancaire sera sagement rangée dans un tiroir du buffet ! Elle ne me servira que pour un nombre d'achats très limité que j'aurai déterminé à l'avance, et comme je ne l'aurai pas sur moi, je ne serai pas tenté(e) de la dégainer pour un oui ou pour un non !

Je m'accorde 2 points éthique si je réalise cette mission avec succès !

Je colle ici mes points pour la mission 1 :

✔ Mission 2 : J'achète local le plus possible

Je réfléchis à chaque achat qu'auparavant j'aurais effectué sur Internet. À chaque fois que je me trouve dans cette situation, je me demande si une alternative d'achat local existe près chez moi.

Je m'accorde un 1 point éthique et 1 point planète à chaque fois que je renonce à faire un achat sur Internet, et 1 point éthique supplémentaire si je trouve une alternative participant à l'économie circulaire !

Je colle ici mes points pour la mission 2 :

✔ Mission 3 : Je cherche une monnaie locale utilisée près de chez moi

Je me renseigne sur la monnaie locale qui a cours près de chez moi. (Vous trouverez sans doute des informations utiles sur le site : http://monnaie-locale-complementaire.net/france/)

Je m'accorde 1 point éthique si je prends rendez-vous avec l'association qui la gère.

Je colle ici mes points pour la mission 3 :

✔ Mission 4 : J'utilise la monnaie locale dès que c'est possible

Pour cela, je récupère auprès de l'association en charge de la monnaie locale la liste des commerçants qui l'emploient. Si un commerçant me tient à cœur, mais ne l'utilise pas encore, je pense à lui en parler, armé(e) de la liste des entreprises partenaires qui pourraient l'intéresser !

Je m'accorde 1 point éthique et 1 point planète à chaque fois que je règle un achat avec la monnaie locale !

Je colle ici mes points pour la mission 4 :

Notebook

- **Nom de la monnaie locale :**
- **Contact et horaires de l'association gestionnaire :**
- **Nom des entreprises locales participant à l'économie circulaire :**

. . . .

. . . .

. . . .

J'ARRÊTE DE SURCONSOMMER !

JOUR 20

Je découvre que ma manière de consommer peut être un acte citoyen

Soyons lucides : nous l'avons vu au jour précédent, dans la société actuelle, nous sommes des consommateurs *avant* d'être des citoyens. Oui oui, même si on ne veut pas, même si on résiste, même si on a la démocratie chevillée au corps, c'est un fait !

On peut considérer qu'exercer son droit de vote est l'acte citoyen le plus puissant qui soit... Mais vraiment, nous ne le pensons pas ! Plusieurs raisons à cela, sans pour autant entrer dans des considérations politiques qui ne sont pas l'objet de ce livre :

- voter nous oblige à choisir parmi des listes de candidats et des partis préétablis. Si on ne se sent pas d'affinités particulières avec les partis représentés, on vote alors par dépit ;
- le vote blanc, vote contestataire, n'est toujours pas reconnu ni comptabilisé.

Marie

« Il y a quelques années, j'ai été prise d'un sérieux mal-être. En effet, j'ai toujours eu à cœur d'être une *bonne citoyenne*, j'ai toujours voulu contribuer au bien-être de mon pays, et même du monde en général. Et pourtant, à chaque fois que je lisais dans différents médias que la chute de la croissance était une mauvaise nouvelle, j'étais en proie à une grande incompréhension. On me demandait, pour le bien de mon pays, de consommer toujours plus, et cela allait à l'encontre de mes valeurs profondes. *Étais-je donc une mauvaise citoyenne ?* À cette époque, les réseaux sociaux n'étaient pas aussi développés, et je pensais être la seule à ressentir cela ! Aujourd'hui, j'ai compris que la manière dont je consomme a beaucoup plus d'impact sur le monde que je souhaite créer que mon simple vote ! »

Voter écolo ne suffit pas ! Exercer son pouvoir de consommateur responsable est à la portée de tous

Quand le système politique dans son ensemble ne nous convient pas, il ne reste qu'une seule façon de faire entendre notre voix : notre porte-monnaie ! Votre manière de dépenser votre argent et, même en amont, la façon dont vous le gagnez est l'acte citoyen le plus fort.

Comme expliqué dans les jours précédents, depuis notre naissance et grâce aux puissantes techniques du marketing, nous achetons beaucoup par pulsion, sans même réfléchir à l'origine des produits ni aux conséquences pourtant bien concrètes de nos achats. Vous savez maintenant qu'elles sont d'ordre environnemental, social, éthique, de santé publique… Tiens, tiens ! Ne seraient-ce pas là précisément des thématiques souvent récupérées par les différents partis politiques ?

On peut avoir une conscience écologique très ancrée et pour autant ne pas se retrouver dans les propositions et les actes des partis écologistes, ou avoir envie d'aller plus loin.

- Boycotter l'huile de palme, c'est poser un acte écologique fort, de même qu'acheter en vrac pour lutter contre le suremballage.
- Acheter ses vêtements d'occasion, c'est lutter contre la surproduction qui entraîne des conséquences écologiques néfastes et l'exploitation d'êtres humains.
- Adhérer à un groupe de troc ou à un système d'entraide local (SEL), c'est agir concrètement pour augmenter la solidarité entre les personnes.
- Lorsque, une fois le budget bien établi, on se rend compte que non seulement on a assez d'argent pour assouvir tous nos besoins, mais qu'on en a même trop, on peut choisir de faire un don à une association qui œuvre pour une cause qui nous est chère.

  C'est ainsi que nous avons décidé qu'un pourcentage des droits d'auteur que nous percevrons pour ce livre sera reversé à une association qui œuvre pour promouvoir la lutte contre la surconsommation, particulièrement auprès des enfants.

  On peut aussi choisir de diminuer notre temps de travail afin de se consacrer à du bénévolat, ou tout simplement à sa famille.
- La manière dont nous consommons pour nous nourrir est un levier particulièrement fort, puisque ce budget représente une partie significative du budget mensuel. Par exemple, choisir de ne pas manger de produits issus des animaux est un acte écologique et éthique certain. Ou encore, choisir de consommer des produits locaux et en vente directe, c'est choisir de rémunérer directement le producteur, et de ne pas financer des multinationales qui s'engraissent sur le dos des producteurs en servant d'intermédiaire.
- Revenir à une alimentation équilibrée et saine conduit à ne plus alimenter autant les firmes pharmaceutiques par une surconsommation de médicaments.

  Vous pouvez d'ailleurs vous documenter sur la manière dont ces firmes se sont emparées du marché des individus bien portants, bien plus lucratif que celui des véritables malades pour lesquels le traitement est absolument nécessaire[21] !... *Business is business.*

21. Jörg Blech, *Les Inventeurs de maladies. Manœuvres et manipulations de l'industrie pharmaceutique*, Actes Sud, coll. « Babel », 2008.

Le commerce équitable

Le commerce équitable est un exemple particulièrement concret de l'incidence de notre consommation sur les conditions de vie des producteurs.

Ses objectifs, définis sur le site www.commerceequitable.org, sont de plusieurs ordres :

- ✔ améliorer les conditions de vie et le bien-être des producteurs en améliorant leur accès au marché, en renforçant les organisations de producteurs, en payant un meilleur prix et en ayant une continuité dans la relation commerciale ;
- ✔ donner un exemple de partenariat commercial reposant sur le dialogue, la transparence et le respect ;
- ✔ protéger les droits humains en encourageant la justice sociale, des pratiques environnementales saines et la sécurité économique ;
- ✔ encourager les possibilités de développement pour les producteurs défavorisés, en particulier les femmes et les populations autochtones, et protéger les enfants de l'exploitation dans le processus de production ;
- ✔ faire prendre conscience aux consommateurs de l'effet négatif du commerce international sur les producteurs, de façon qu'ils exercent leur pouvoir d'achat de façon positive ;
- ✔ mener des campagnes pour faire changer les règles et les pratiques du commerce mondial.

Il est urgent d'agir dès maintenant !

On nous oppose souvent la réflexion suivante : « Si tout le monde faisait comme vous *[rayez la mention inutile]* les producteurs de viande, les personnes qui distribuent des prospectus, les gens qui produisent des vêtements… seraient au chômage. On est sept milliards sur la Terre, il faut bien du travail pour tout le monde. »

En réalité, ce problème est posé à l'envers et, surtout, ce n'est qu'une vision à très court terme. Certes, si on fermait du jour au lendemain tout ce qui concerne l'industrie de la viande, des vêtements, toutes les grandes surfaces, etc., il y aurait des millions de chômeurs…

Mais croyez-vous sérieusement qu'il soit possible de tout fermer d'un seul coup ?

Et puis, il y a énormément de travail pour protéger notre planète et pour assurer le bien-être de tous ses habitants ! Il ne fait aucun doute que chaque personne en âge de travailler pourrait être employée à bon escient !

Témoignage de Catherine

« Ça fait à peu près un an, après de gros pépins financiers et familiaux et puis un ras-le-bol de ma vie de surconsommatrice incurable, que j'ai entamé une grande réflexion. Je suis passée par un tas de groupes écolos, zéro déchet, minimaliste, konmari, et un jour *la* révélation, j'atterris en pleine conscience chez les licornes. Un petit paradis pour apprentis minimalistes écolos où j'ai trouvé des réponses, des solutions, des alternatives. J'ai suivi scrupuleusement les défis, "budget", "menus", "rapport à l'argent", "zéro déchet", "plus de bio sans exploser le budget". Tout ça a changé ma vie, profondément. Plus que je ne l'aurais imaginé au départ. Aujourd'hui, on mange bio presque à 100 %, j'ai intégré ma démarche dans mon boulot en transformant mon émission culinaire en promo des producteurs locaux et/ou bio de mon secteur, je n'ai plus aucun besoin matériel *(et ça, c'est juste pas croyable pour une ex-fashionista !)*, je vais bientôt bosser moins pour vivre mieux. Sans les licornes, je n'y aurais jamais songé, ou du moins je n'aurais pas sauté le pas, parce que j'aurais eu peur financièrement, mais avec tout ce que j'ai mis en place, ça ne me manquera pas. »

Témoignage sur le blog Maviedesencombree

Tout notre engagement pourrait tenir en une seule phrase : « La demande induit l'offre, soyez un consommateur avec une demande éclairée, le reste suivra ! »

Nous pouvons attendre un changement politique profond, mais, dans ce cas, il va falloir attendre très longtemps ! La méthode que nous vous proposons s'inscrit au contraire dans l'*ici et maintenant*. Elle nous replace dans un rôle où nous sommes acteurs, où nous ne subissons plus.

Comme les dirigeants politiques se refusent à prendre des mesures fortes vis-à-vis des lobbys industriels, c'est à nous, consommateurs, de dire stop et de décider quels produits nous acceptons d'acheter, et quels produits nous refusons.

Si de plus en plus de consommateurs achètent bio, vrac, local, équitable, l'offre augmentera et les prix baisseront : c'est mécanique. D'ailleurs, cela a déjà commencé, comme nous pouvons le constater avec l'augmentation importante des ventes directes, des magasins bio, ou encore des rayons de vrac. Bien sûr, il nous appartient de garder les yeux ouverts. Le bio, comme tout objet de commerce, peut devenir un business : c'est au consommateur de refuser d'acheter aveuglément, c'est à nous d'inverser le rapport de force et d'imposer nos règles aux industriels !

Consommer de manière responsable est un acte citoyen, car :

- cela permet de financer une économie plus respectueuse de la planète et de ses êtres vivants, et donc de garantir un monde meilleur pour nos enfants ;
- cela permet de relocaliser l'économie et de créer des emplois ;
- c'est la plus belle façon de respecter les droits des autres humains vivant dans notre démocratie ou ailleurs.

Réalisons le pouvoir que nous avons !

J'ARRÊTE DE SURCONSOMMER !

Je passe à l'action !

✔ Mission 1 : J'opte pour des produits issus du commerce équitable

Je choisis un produit de consommation courante et je le remplace par un produit labélisé commerce équitable.

Je m'accorde 1 point éthique et 1 point planète par produit remplacé.

Je colle ici mes points pour la mission 1 :

Collez ici 1 point **Éthique**

Collez ici 1 point **Planète**

✔ Mission 2 : Je note mes progrès en matière d'écologie et d'éthique

Chaque soir, j'écris un acte concret que j'ai réalisé dans la journée et qui contribue à un futur plus éthique et plus écologique. Cela peut être un acte de consommation militant, une discussion constructive ou un acte éducatif.

. . . .

. . . .

. . . .

Je m'accorde 1 point planète et 1 point éthique chaque fois que j'accomplis ce rituel, j'ajoute 1 point économies si cet acte m'a permis de réaliser des économies réelles.

Je colle ici mes points pour la mission 2 :

Collez ici 1 point **Planète**

Collez ici 1 point **Éthique**

Collez ici 1 point **Économies**

JOUR 21

Et si le bonheur existait en dehors de la consommation ?

Changer sa manière de consommer, au début, c'est « Résiiiste, prouve que tu exiiistes !!! »

Les changements d'habitude peuvent être difficiles à appréhender, et certains peuvent même se faire dans la douleur :

- on sort de sa zone de confort, qu'elle soit matérielle ou intellectuelle ;
- on commence par une période où notre cerveau a pris conscience de beaucoup de choses (la pollution, les déchets, les pesticides, l'accumulation matérielle, les conditions d'élevage, les conditions de travail de certains êtres humains…), mais où les nouvelles habitudes n'étant pas encore ancrées, on a du mal à s'y retrouver ;
- on peut même être complètement dépassé par l'ampleur de la tâche, au point de tomber dans la culpabilité de ne jamais en faire assez !

Pas de panique !

Marie : À bas le perfectionnisme !

« Ça, c'est Herveline qui le dit tout le temps, et elle va encore râler parce que je n'ai pas mis les majuscules au bon endroit : j'ai l'habitude ! »

À bAs Le PerFecTIonnIsMe !

Ce changement de consommation est un marathon, pas un sprint ! Donc, respirez calmement et fixez-vous des petits objectifs. C'est d'ailleurs pour cette raison que nous proposons un défi mensuel sur notre groupe « Gestion budgétaire, entraide et minimalisme » : en un mois, un petit changement peut devenir une habitude, et on peut passer au changement suivant en toute sérénité.

Soyez indulgent avec vous-même

N'essayez pas de révolutionner toute votre vie d'un coup ! Si vous partez du modèle « je suis à découvert tous les mois, j'achète tout ce qui me fait envie, je fais mes courses au supermarché en remplissant mon chariot de déchets et de nourriture industrielle », ne vous attendez pas à épargner 30 % de vos revenus, à cuisiner tout bio, à passer au « zéro déchet » et à entreprendre l'aménagement de toilettes sèches dès le mois prochain !

Quand nous comparons notre consommation d'il y a quatre ans à celle d'aujourd'hui, il nous aurait été strictement impossible d'entreprendre tous ces changements en quelques semaines !

Appréciez les résultats que vous avez déjà obtenus

Ces résultats peuvent être petits comme des pas de fourmi au début, mais à force — et bien plus tôt que vous ne pouvez l'imaginer ! — le changement sera très grand.

- Appréciez comme votre enfant est content lorsque vous lui faites un gâteau maison pour le goûter.
- Appréciez comme vous vous sentez mieux dans votre corps depuis que vous avez diminué votre consommation de viande et augmenté votre part de légumes bio *(beaucoup de licornes ont même perdu du poids alors que depuis des années elles se battaient avec les régimes et l'effet yo-yo !)*.
- Appréciez comme vous passez de bons moments en famille, par exemple dans le « faire ensemble » : cuisine, bricolage, DIY, promenades...
- Appréciez la sérénité d'avoir un budget maîtrisé, sans crainte de l'appel du banquier, sans phobie de la boîte aux lettres, ce nid à factures !

Parmi les nombreux retours positifs que nous avons dans notre groupe, ce qui nous touche le plus, ce sont les personnes qui nous disent que non seulement elles ont fait des économies, mais qu'elles ont vraiment la sensation de commencer une nouvelle vie, beaucoup plus calme, beaucoup plus détendue, en bref : beaucoup plus proche de l'essentiel.

Les cinq regrets des personnes en fin de vie

Dans son ouvrage *Les 5 regrets des personnes en fin de vie*, l'infirmière australienne Bronnie Ware a listé les cinq principaux regrets des personnes qu'elle a accompagnées durant sa carrière en soins palliatifs.

Les voici.

- ✔ **Regret n° 1 : J'aurais aimé avoir le courage de vivre ma vie comme je l'entendais, et non la vie que les autres voulaient pour moi.**
- ✔ **Regret n° 2 : J'aurais aimé ne pas m'acharner autant dans le travail.**
- ✔ **Regret n° 3 : J'aurais aimé avoir le courage de dire mes sentiments.**
- ✔ **Regret n° 4 : J'aurais aimé rester en contact avec mes amis.**
- ✔ **Regret n° 5 : J'aurais aimé m'autoriser à être plus heureux.**

Aucune personne, à la fin de sa vie, ne manifeste le regret de ne pas avoir eu le dernier écran plat, de ne pas avoir eu assez d'argent, de ne pas avoir possédé tel ou tel objet !

Halte au travailler plus pour gagner plus… pour dépenser plus !

Le travail, tel qu'il est pensé dans notre société moderne, c'est le moyen pour ne pas répartir équitablement les richesses, tout en maintenant les populations mal payées dans un asservissement volontaire. Oui, dit comme ça, ce n'est pas très encourageant, mais nous allons développer un peu !

Bien sûr, le travail, au sens de donner une partie de notre temps à la société pour permettre aux autres êtres humains de vivre, est nécessaire. Produire de la nourriture, des vêtements, soigner, enseigner sont autant de compétences spécifiques essentielles à la survie de tous.

Mais force est de constater que le système politique qui fixe le cadre de ces professions, et qui légifère sur les conditions de travail, leur donne de moins en moins de moyens pour remplir leur mission et met de plus en plus l'accent sur la rentabilité, au détriment… de la dimension de service à la société.

Dans notre société, il semblerait que l'utilité du travail soit uniquement d'encourager la consommation et de faire circuler de l'argent virtuel. À l'heure actuelle, notre utilité sociale principale, c'est de consommer pour faire tourner les banques privées et les actionnaires des grands groupes. Mais, depuis hier, vous savez que cette dimension de la société moderne est aussi son talon d'Achille, à condition que chaque élément de ce grand ensemble en prenne conscience *(on parle de vous là, vous suivez ?)*.

Il est possible de soutenir un modèle de société dans lequel le travail ne serait plus assujetti à la pression de rentabilité sur les salariés et où le plein-emploi ne serait plus conditionné par la consommation perpétuelle. Ainsi, des modèles socioéconomiques alternatifs, comme le revenu universel, voient le jour et sont expérimentés dans d'autres pays. Nous vous invitons très fortement à vous documenter sur ce sujet révolutionnaire et passionnant !

N'oublions pas que réduire ses besoins en termes de consommation permet de réduire dans bien des cas sa dépendance à l'argent, et réduire sa dépendance à l'argent permet de réduire sa dépendance au travail. C'est là où ça commence à devenir intéressant, n'est-ce pas ?

Pouvoir s'autoriser à gagner moins, et donc à travailler moins, permet, outre le fait de pouvoir redéployer ce temps dans des activités plaisantes et gratifiantes, de libérer de l'emploi pour ceux qui n'en ont pas ou qui ont besoin de plus de revenus. Cela permet donc de réfléchir à la répartition du travail entre le volume de travail disponible et le nombre d'adultes ayant besoin de travailler pour vivre.

Là est la vraie question de l'emploi. Le volume de travail baisse, mais pas le nombre d'adultes ayant besoin de gagner leur vie. Il est complètement paradoxal de miser sur la croissance de la consommation pour résoudre cette équation, puisque la surconsommation induisant des prix bas entraîne des processus de fuite des emplois, en particulier liés à l'automatisation et à la délocalisation !

On marche sur la tête !

L'augmentation des burn-out dans différents milieux professionnels doit nous mettre la puce à l'oreille. Beaucoup de personnes aujourd'hui ont fait le choix de travailler moins, de gagner moins, et de vivre mieux.

Le travail peut être une source d'épanouissement, mais nous devons trouver l'équilibre pour nous rapprocher de l'essentiel. Travailler toujours plus peut avoir de graves incidences sur nos relations familiales, amicales et sur notre santé : augmentation du stress, de douleurs, dépression, sautes d'humeur, troubles du sommeil, troubles de l'alimentation, idées suicidaires, dévalorisation, la liste est longue et non exhaustive.

Herveline : Le burn-out

« Il y a deux ans et demi, mon mari, *mister Sortezdevosconapts*, s'est fait arrêter (par son médecin, pas par la police !). Cela faisait des mois que je lui demandais d'aller voir le médecin. Il dépérissait à vue d'œil : "Mais si je m'arrête, comment allez-vous vivre ? C'est moi qui assure la plus grosse entrée financière." Bonjour la pression sur ses épaules... Travaillant plus de 50 heures par semaine, épaulé par un management tyrannique, il ne nous voyait plus. Un jour, au volant de sa voiture, ne voyant plus d'issue à sa situation, il s'est vu en train de se mettre dans le décor... Il s'est alors arrêté sur la bande d'arrêt d'urgence et a immédiatement appelé son médecin. S'en est suivi un arrêt de travail, prolongé de nombreuses fois, puis transformé en arrêt pour longue maladie.

Il a mis deux ans à remonter la difficile pente du burn-out, deux très longues années, et à l'heure actuelle, ce n'est toujours pas derrière lui. Mais la raison profonde, ce n'était pas les 50 heures hebdomadaires, même si c'est inhumain, ce n'était pas le management tyrannique et le harcèlement, même si c'était très grave. Ce qui l'avait poussé à accepter ces conditions inacceptables, c'était sa conception du bonheur dans l'argent et la consommation... qui ne peut être qu'une course épuisante et sans fin. Et cette idée fausse a bien failli nous priver de notre plus grand bonheur à nous : lui.

.../...

Cela a mis un coup d'arrêt à sa quête de l'argent-consommation-bonheur. Le bonheur ne se consomme pas : il se vit. Des êtres chers, un toit, de quoi manger. Des sourires. Il a recommencé à voir sa famille : les premiers pas de sa fille, le caractère de cochon de son fils, qu'il aborde avec beaucoup de tendresse, les histoires avant de dormir. Pour lui, il ne sera plus jamais envisageable d'hypothéquer sa famille pour une illusion culturelle moderne.

Alors oui, on ne sera jamais riches. D'ailleurs, d'un commun accord, on a décidé qu'il ne reprendrait pas un travail d'un niveau de salaire équivalent, mais nettement moins élevé. Gagner (beaucoup) moins, mais vivre (beaucoup) plus. Parce que quand on travaille beaucoup, on n'a pas le temps. Pas le temps de cuisiner, de bricoler, de cultiver. On a à peine le temps d'aimer et de s'aimer ! Et tout ce qu'on n'a pas le temps de faire se paie. Moins on a le temps, plus on doit payer, et plus on doit gagner d'argent, et moins en a de temps... C'est un cercle vicieux.

Quand on s'autorise à travailler moins, on apprend à vivre. On apprend à bricoler, à cultiver, à faire soi-même. On a besoin donc de moins acheter. On a besoin de moins d'argent. On a besoin de moins travailler. Et franchement, on a beau avoir réduit notre niveau de vie et dépenser bien moins, on n'est pas du tout nostalgiques de notre situation d'avant. On a une qualité de vie bien supérieure. On sait se servir de nos mains, et notre vie a un sens. Nos valeurs se sont déplacées. Vers l'entraide, vers le bénévolat, vers des choses simples et gratuites. Et, bonne nouvelle, il y en a plein, pour peu qu'on sache où chercher. »

Rappelez-vous que la simplicité est un trésor. Envier le voisin ou pester contre la société qui ne vous permet pas d'avoir tout ce que vous souhaitez sans vous endetter de mille façons est un frein dans votre épanouissement, car il y aura toujours plus riche et plus consumériste que vous.

Se contenter de ce qu'on a, c'est souvent la manière de se recentrer sur l'essentiel : les gens qui vous aiment, en particulier.

Nous, on aime les promenades en forêt avec les enfants, un bon repas fait maison avec amour et partagé tous ensemble, prendre le temps de savourer un moment entre amis sans forcément recevoir comme Nadine de Rothschild, marcher pieds nus dans l'herbe et admirer un arc-en-ciel.

Vous l'aurez remarqué : tous ces exemples ne coûtent rien et se situent en dehors de toute consommation.

On nous fait croire que posséder tel ou tel objet nous rendra heureux, qu'il renverra une image de nous-même *[au choix]* plus à la mode, plus performant, plus beau, plus cool, plus sûr de soi. Mais c'est juste une image. Cela nous apporte seulement l'illusion d'un bonheur qui est éphémère et déconnecté de nous-mêmes. Dans ce schéma, nous avons toujours besoin d'autre chose pour être heureux.

Or, c'est un contresens total, puisque le bonheur doit venir de l'intérieur de nous-mêmes et non pas de l'extérieur. Aucune possession ne nous apportera le bonheur. Se reconnecter à ses justes besoins mène à un sentiment très profond de bonheur et de liberté. Nous reprenons les rênes de notre vie en ne nous laissant plus dicter notre conduite par les industriels et les professionnels du marketing : non, nous n'avons pas besoin d'une énième robe, alors que notre penderie déborde, pour améliorer notre confiance en nous. Des câlins de nos enfants, de la reconnaissance de notre conjoint, en revanche, oui.

Si, au début de notre démarche, on peut éprouver résistance ou frustration, rassurez-vous : au bout de quelque temps, ce sentiment d'inconfort finit par disparaître au profit d'une vie plus simple, plus détendue et plus joyeuse !

Je passe à l'action !

✔ Mission 1 : Je liste mes plus beaux souvenirs

Je liste les trois plus beaux souvenirs de ma vie :

Je m'accorde 1 point bien-être.

Je colle ici mes points pour la mission 1 :

Collez ici
1 point
Bien-être

✔ Mission 2 : Je crée mon carnet des petits bonheurs

Je commence un carnet de gratitudes : je note dedans chaque soir trois petits bonheurs de ma journée et je suis reconnaissant(e) pour cela.

Je m'accorde 1 point bien-être pour chaque routine tenue.

Je colle ici mes points pour la mission 2 :

Collez ici
1 point
Bien-être

✔ Mission 3 : Je recense mes activités bien-être

Je note trois activités/situations qui m'apportent beaucoup de bien-être et qui coûtent 0 €.

Je m'accorde 1 point bien-être.

Je colle ici mes points pour la mission 3 :

Collez ici
1 point
Bien-être

✔ Mission 4 : J'organise une journée « no buy »

J'organise une journée « no buy » (sans dépenser un centime) en famille : randonnée, préparation d'un repas de fête avec le contenu des placards, déguisements récup', maquillage des enfants, regarder les photos d'avant, rêver ensemble, faire des projets...

Je m'accorde 2 points bien-être, 2 points planète et 2 points économies.

Je colle ici mes points pour la mission 4 :

Conclusion

« La société, c'est vous et c'est moi. Vous et moi, nous créons cette société dans laquelle nous vivons. Donc, vous devez la changer. [...] L'argent, la situation, le prestige, la puissance. C'est là ce que l'homme désire et la société se propose de vous couler dans ce moule. Mais si, maintenant, vous commencez à observer, à apprendre, non pas dans des livres, mais apprendre par vous-mêmes en regardant, en écoutant tout ce qui se passe autour de vous, vous deviendrez un être humain différent, quelqu'un qui a le souci des autres, qui est plein d'affection, qui aime. »[1]

Ainsi s'exprimait Jiddu Krishnamurti, et son message est toujours autant d'actualité. Autorisez-vous à briser les chaînes culturelles qui entravent votre pensée et votre conscience : imaginez et créez l'avenir, ne déléguez cette tâche à personne d'autre, et surtout pas à des politiciens ! Placez des boîtes à donner devant votre portail et placez-y ce que vous n'utilisez plus, ou le surplus de votre potager ; rapprochez-vous des Incroyables Comestibles et participez au mouvement de l'abondance gratuite ; ouvrez votre jardin au partage : partage des efforts, partage des récoltes ; ouvrez votre esprit à toutes les possibilités d'entraide. Elles sont tellement nombreuses !

Témoignage de Choub

« Je suis venue par curiosité. Ce groupe tombait parfaitement bien. J'avais envie de changer des choses dans notre quotidien. Rendre notre vie plus simple, plus saine, plus... consciente. Je ne savais pas comment m'y prendre pour changer un peu ma vie et, grâce à ce groupe, c'est en train de se faire. Tout cela grâce aux conseils des cornues bienveillantes. J'essaie maintenant de rendre la pareille, de donner des exemples et de rebooster les personnes qui en ont besoin. Car c'est aussi cet esprit d'entraide qui me plaît tant au licorneland. »

Témoignage sur le blog Lestrucsenhiiiii.canalblog

1. Jiddu Krishnamurti, *Réponses sur l'éducation*. Éditions Bartillat, 2006.

Témoignage de Florence

« Licorne depuis cinq mois. En janvier dernier, j'ai atterri chez les licornes. Étant moi-même de la famille des Bisounours, j'ai trouvé ça sympa.

Je n'ai pas forcément de gros problèmes de gestion budgétaire, mais j'ai trouvé que si je voulais avoir plus de temps pour moi et pour les miens, avoir plus de réserves pour se faire plaisir, c'était une bonne option. Me voilà avec mes tableaux de comptes dans mon sac, mes menus, mes listes de courses, un objectif "zéro déchet" en bonus, des bons plans, des bonnes idées, des goûters maison pour les enfants, le vendredi matin sur le marché, des sauts de puce à l'épicerie bio, des chouettes recettes qui varient les plaisirs, et le tout avec une épargne qui grandit doucement mais sûrement. Le deuxième effet Kiss Cool, c'est de rencontrer ici de belles personnes, d'avoir la possibilité d'aider, de conseiller avec bienveillance des gens qu'on n'aurait pu ne jamais rencontrer ailleurs. »

Témoignage sur le blog Lestrucsenhiiiii.canalblog

Témoignage de Stéphanie Carrasco

« Grâce aux licornes, nous avons des tawashis. Nous n'utilisons plus d'essuie-tout. Lingettes et cotons lavables dans la salle de bains. Ma salle de bains qui d'ailleurs ressemble un peu à l'annexe de la cuisine, puisqu'on y trouve de la farine de pois chiche, de l'huile d'olive, du vinaigre, du marc de café, du bicarbonate...

Je ne vais quasiment plus qu'à la Biocoop pour compléter tout ce que je n'obtiens pas déjà par l'Amap. Nous devons être à plus de 80 % de bio.

Lessive maison, vaisselle au savon de Marseille, pschitt magique à gogo pour l'entretien de toute la maison ou presque... Je recommence à désencombrer et je donne à une association qui tente d'implanter une boutique gratuite.

J'interromps ma liste de petits gestes en m'apercevant avec bonheur qu'elle grossit chaque jour, grâce à la motivation que je trouve en côtoyant les belles personnes pleines d'espoir que sont les licornes. Merci pour moi, merci pour mes enfants, merci pour mes élèves, merci pour notre monde que vous rendez plus beau chaque jour. »

Témoignage sur le blog The Green Early Bird

Témoignage de Baila Eko

« Licorne depuis deux mois (seulement !?). J'y suis arrivée doucement, poussée par la curiosité (et peut-être faut-il l'avouer aussi, un peu d'orgueil), quand J'ai rencontré Herveline sur un autre forum. Elle criait haut et fort qu'on pouvait manger sain et équilibré pour pas cher ! Comme elle a dû le vivre des centaines de fois, j'ai fait ma stoïque, lui disant presque qu'elle était mytho.

Comme il n'y a que les idiots qui ne changent pas d'avis, je l'ai suivie en douce sur le forum des licornes. Et là, ben je me suis pris une grosse claque par les possibilités qui s'ouvraient à moi et les changements que je pouvais mettre en œuvre.

Depuis deux mois, on fait notre pain, nos yaourts, nos produits *home made*, on désencombre, on se déplace en trottinette ou à vélo, on mange bio à 95 %, on perd du poids, on est en meilleure santé, on économise (whaaaaat ? économies ? On n'avait jamais été à découvert, mais les économies, c'était impossible avant !), on prend plaisir à cuisiner, on simplifie notre rythme, on déculpabilise, on ne fume plus (depuis dix jours maintenant), on ne gaspille plus, on mange moins de viande, on respecte plus la nature. Notre vie a radicalement changé et en beaucoup, beaucoup mieux ! Alors un grand merci, merci de me montrer que j'ai raison de continuer à avoir foi en l'être humain ! »

Témoignage sur la page Facebook Et si on changeait nos habitudes

L'heure du bilan

Au terme de ces 21 jours passés à nous lire, il est maintenant temps pour nous de vous inviter à dresser le bilan des prises de conscience et des actions concrètes que vous avez mises en place. Feuilletez à nouveau le livre, et observez les points que vous avez collectés.

- Vous avez réalisé une bonne partie des missions : Bravo ! Avez-vous pensé à utiliser librement vos points bien-être ? Ils sont indispensables dans la consolidation de la démarche : ressentir du bien-être à faire quelque chose de juste et d'équitable permet de créer un changement réellement solide.
- Vous n'avez pas mené à bien toutes les missions ? La prise de conscience est en route, mais tout ne se met pas en place en une seule fois. Si la prise de conscience est là, les alternatives se mettront d'elles-mêmes en place petit à petit !
- Vous avez collé peu de points planète/éthique ? La mise en pratique semble ardue, et c'est normal, car c'est une sacrée aventure que de déconstruire toutes ces habitudes culturelles ! La question, pour vous, sera de comprendre pourquoi : est-ce difficile, par exemple, de croire dans les effets d'une action à l'échelle individuelle ? Peut-être votre profil défaitiste est-il trop bien ancré ? Dans ce cas, la question du colibri est à travailler ! La peur de la frustration ou de l'exclusion vous empêche de sauter le pas du refus de la consommation ? Procédez par tout petits pas, lisez les témoignages ci-dessous, et venez rejoindre la communauté des licornes !

N'oubliez pas que le mieux est l'ennemi du bien : il ne faut pas que l'absence de perfection (oui, le vinaigre est en bouteille plastique, non, vous ne trouverez pas toujours votre bicarbonate en vrac, vous ne trouverez pas forcément tout de suite un savon de Marseille sans huile de palme) vous empêche d'agir. Faites, commencez, même si ça n'est pas parfait. Faites, et un jour vous vous sentirez à l'aise avec votre nouveau fonctionnement et aurez à nouveau la disponibilité pour avancer !

Vous aussi, soyez le changement !

Pour communiquer avec les auteurs

- Écrivez-leur à leslicornesassociees@ntymail.com
- Groupe Facebook « Gestion budgétaire, entraide et minimalisme » : facebook.com/groups/976276749102927
- Blog d'Herveline : « Sortez de vos conapts », www.sortezdevosconapts.com
Page Facebook : facebook.com/sortezdevosconapts
- Blod de Marie : « La salade à tout » : http://lasaladeatout.blogspot.fr
- Page Facebook : facebook.com/lasaladeatout

Planche de points à photocopier
puis à découper pour remplir vos missions !

Collez ici 1 point **Économies**	Collez ici 1 point **Économies**	Collez ici 1 point **Économies**
Collez ici 1 point **Économies**	Collez ici 1 point **Économies**	Collez ici 1 point **Économies**
Collez ici 1 point **Planète**	Collez ici 1 point **Planète**	Collez ici 1 point **Planète**
Collez ici 1 point **Planète**	Collez ici 1 point **Planète**	Collez ici 1 point **Planète**
Collez ici 1 point **Bien-être**	Collez ici 1 point **Bien-être**	Collez ici 1 point **Bien-être**
Collez ici 1 point **Bien-être**	Collez ici 1 point **Bien-être**	Collez ici 1 point **Bien-être**
Collez ici 1 point **Éthique**	Collez ici 1 point **Éthique**	Collez ici 1 point **Éthique**
Collez ici 1 point **Éthique**	Collez ici 1 point **Éthique**	Collez ici 1 point **Éthique**

Dans la même collection

Collection dirigée par ANNE GHESQUIÈRE
J'ARRÊTE
MARION KAPLAN
LA MALBOUFFE !
21 jours
POUR CHANGER
EYROLLES

Collection dirigée par ANNE GHESQUIÈRE
J'ARRÊTE DE
DIANE BALLONAD ROLLAND
PROCRASTINER !
21 jours
POUR CHANGER
EYROLLES

Collection dirigée par ANNE GHESQUIÈRE
J'ARRÊTE LE
JOANNE TATHAM
SUPERFLU !
21 jours
POUR CHANGER
EYROLLES

Collection dirigée par ANNE GHESQUIÈRE
J'ARRÊTE
CHRISTINE LEWICKI
Illustrations de Margaux Motin
DE RÂLER !
L'INTÉGRALE
PLUS DE
200 000
EXEMPLAIRES
VENDUS
EYROLLES

Collection dirigée par ANNE GHESQUIÈRE
J'ARRÊTE DE RÂLER
CHRISTINE LEWICKI
FLORENCE LEROY
SUR MES ENFANTS
(et mon conjoint)
21 jours
POUR CHANGER
RESPECT
BIENVEILLANCE
COOPÉRATION
PLAISIR
EYROLLES

Dépôt légal : mars 2017 - IMPRIMÉ EN FRANCE - Imprimeur n° 13553
Achevé d'imprimer en février 2017 sur les presses
de l'imprimerie *La Source d'Or* - 63039 Clermont-Ferrand

Dans le cadre de sa politique de développement durable, La Source d'Or a été référencée IMPRIM'VERT® par son organisme consulaire de tutelle. Cet ouvrage est imprimé - pour l'intérieur - sur papier offset 90 g provenant de la gestion durable des forêts, des papeteries Arctic Paper dont les usines ont obtenu les certifications environnementales ISO 14001 et E.M.A.S.